Hermann Bote

Eulenspiegel

Eine Auswahl aus tiefenpsychologischer Sicht

ins Neuhochdeutsche übertragen von
Roland F. Lukner

Hermann Bote

EULENSPIEGEL

Eine Auswahl aus tiefenpsychologischer Sicht

ins Neuhochdeutsche übertragen von
Roland F. Lukner

ibidem-Verlag
Stuttgart

Bibliografische Information der Deutschen Nationalbibliothek
Die Deutsche Nationalbibliothek verzeichnet diese Publikation in der Deutschen Nationalbibliografie; detaillierte bibliografische Daten sind im Internet über http://dnb.d-nb.de abrufbar.

Bibliographic information published by the Deutsche Nationalbibliothek
Die Deutsche Nationalbibliothek lists this publication in the Deutsche Nationalbibliografie; detailed bibliographic data are available in the Internet at http://dnb.d-nb.de.

Coverbild: Till-Eulenspiegel-Denkmal in Kneitlingen

∞

Gedruckt auf alterungsbeständigem, säurefreien Papier
Printed on acid-free paper

ISBN-10: 3-89821-981-X

ISBN-13: 978-3-89821-981-5

Printed in Germany

„Sie sieht auftauchen zum andernmale
Aus dem Wasser die Erde und wieder grünen.
...
Alles Böse bessert sich, Balder kehrt wieder.
In Heervaters Hof wohnen Höd und Balder ...“

Die Götterlieder der Älteren Edda,
übersetzt von K. Simrock, neu bearbeitet
und eingeleitet von H. Kuhn,
Stuttgart (Reclam) 1984, S. 18f.

„Auf der dritten Stufe [der Seele], die für uns geschichtlich freilich noch unfassbar ist, wird ein Zustand anvisiert, in dem die Seele über sich herrscht, so zwar, dass diese Herrschaft keinen Zwang, keine Unterdrückung darstellt, sondern ein Versöhntsein der Seele mit sich selbst auf neuer Stufe ist.“

Wolfgang Giegerich,
Tötungen: Gewalt aus der Seele,
Frankfurt a. M., Berlin, Bern, New York, Paris, Wien (Peter Lang)
1994, S. 122.

DER HERR.

...

Von allen Geistern, die verneinen,
ist mir der Schalk am wenigsten zur Last.

Goethe, *Faust*, 339-340.

„Von seiten der Mythe her betrachtet, schimmert bei ihm (Eulenspiegel) eine Verwandtschaft mit dem Loki durch ..."

F. G. Jünger, *Über das Komische,*
Frankfurt a. M. 1948, S. 62.
Zit. nach S. H. Sichtermann,
Till Eulenspiegel,
Frankfurt a. M. (Insel) 1978 (1981), S. 23.

„Sogar dem Luciferus, dem Lichtbringer, ist Loki verwandt ..."

E. Peterich / P. Grimal, *Götter und Helden,*
München (dtv)1978 (1980), S. 193.

„Sicher ist auch, dass diese Mythengestalt [Loki] in zunehmendem Maße dämonisiert wurde, bis er ... nahezu mit dem christlichen Teufel identisch war. Ein Beiname des Teufels ist Lucifer (der Lichtbringer)."

M. Burri, *Nachdenken über germanische Mythologie,*
Zürich (Schweizer Spiegel Verlag, Raben-Reihe) 1982 (1990), S. 36.

Vorwort

Das Eulenspiegelbuch von Hermann Bote, mit Till Eulenspiegel als Titelheld und Schalk, gilt heute als Weltliteratur des niedersächsischen Raumes, da es weit über diese Grenzen, ja sogar in aller Welt bekannt ist. Der Verfasser wurde von dem Literaturhistoriker Josef Nadler als „der begabteste Dichter des 15. Jahrhunderts, vielleicht des ganzen niedersächsischen Stammes" bezeichnet. Das Buch, wohl bereits um 1500 konzipiert, erschien 1510/11, einer Zeit also, die bestimmt war von einer Krisen- und Umbruchssituation, von der Wende vom ausgehenden Mittelalter zur anbrechenden Neuzeit, in deren Umkreis die für die weitere geistig-kulturelle Entwicklung Deutschlands die Weichen gestellt wurden. In diesem Zusammenhang ist der in jenem Zeitraum einsetzende Interiorisierungsprozess der Energien der Deutschen hervorzuheben, der im Laufe der Geschichte die eigentümlich deutschen Veranlagungen formte, zu denen nicht zuletzt auch der eulenspiegelhafte deutsche Humor gehört.

F. Martini[1] weist eigens auf die Gefahr des Missverständnisses hin, die der Begriff des Spätmittelalters birgt, insofern dieser auf einen „Herbst des Mittelalters" deutet. Tatsächlich aber beinhaltet er sowohl den Abstieg des erhabenen Hochmittelalters, als auch den Aufstieg eines ganz neuen Zeitalters mit seinem ihm eigenen charakteristischen Zeitgeist.

F. Martini umreißt diese Zeit in ihrer Gesamtheit:

> Vom 16. Jahrhundert bis zu seinem [Goethes] vollendeten „Faust" [1831] wölbt sich ein großes geschichtliches Zeitalter: es ist die Epoche des ... individuellen Selbstbewusstseins. [...] Das Ich als ein erkennendes und fühlendes Wesen löst sich allmählich, in langem Ringen, aus den objektiven Autoritäten ... [und] lernt ... ein moralisches Dasein aus eigener Vernunft und sittlicher Freiheit aufzubauen. Aber es erkennt zugleich die Problematik einer autonomen Existenz ... Faust wird zum des durch sich selbst vernichteten Menschen. [...] Die Literaturgeschichte der [dem Beginn dieser Kulturepoche] folgenden Jahrhunderte lässt stufenweise diese Verweltlichung des Lebensbewusstseins beobachten.[2]

---

1 F. Martini, *Deutsche Literaturgeschichte*, 19., neu bearbeitete Auflage. In Zusammenarbeit mit A. Martini-Wonde. Stuttgart (Kröner) 1991, S. 84.

2 Ebd., S. 110.

F. Martini[3] führt dann weiter aus, dass mit dem in Goethes Dichtung erreichten Höhepunkt, insbesondere in seinem Spätwerk, so z. B. in *Faust II*, sich die Wandlung, der Wendepunkt in der europäischen Geistesgeschichte in Richtung einer neuen Epoche ankündige.[4] Die Literatur des 19. Jahrhunderts treibe einerseits das Individualbewusstsein bis ans Pathologische, öffne andererseits den Blick für die Gebundenheit des Menschen an Überindividuelles.

Die in unserem Zusammenhang relevante Thematik der abendländischen Zeitläufte hat W. Giegerich[5] analysiert. Laut ihm führte der Entwicklungsweg des Christentums zu der großen, völlig neuen psychologischen Bewusstheit unserer Zeit über fünf verschiedene, für sich allein stehende Stufen, wobei jede einer Weise, wie die Welt für ein Zeitalter verfasst ist, entspricht. Und jede dieser fünf Stufen trägt seine eigene Bedeutung, Tiefe und Vollständigkeit in sich selbst. Jede hat ihre eigene Identität (allerdings im gleichen, positivistischen Bewusstseinsstatus), die vom Standpunkt der autonomen, objektiven Psyche gleichermaßen wertvoll ist. Für den Menschen aber erbringen die fünf Bewusstseinsstufen in ihrer Abfolge fortschreitende Wertsteigerungen, die mit der vollständigen Entfaltung des Psychologischen die anthropologisch-positivistische Selbstdefinition des Menschen durchbrechen und sie für seine transpersonale, göttliche Dimension öffnen.

Das Spätmittelalter bildet nach W. Giegerichs Analyse die zweite Bewusstseinsstufe dieses einzigen, aus fünf Akten bestehenden, geschicht-

---

3 Ebd., S. 110f.

4 Nach W. Giegerich trete sie mit Hegel wirklich und ausdrücklich als *Ebene des Begriffs* (jeweils in Hegels Sinn von Begriff: 3. Teil der *Wissenschaft der Logik*) ins Bewusstsein. Allerdings sei das geschichtliche Geschehen nicht auf dem durch die Stichworte Aufklärung, Kant, Hegel bezeichneten Weg weitergegangen. Unsere wirkliche abendländische Geistesgeschichte sei seit dem Jahr 1831, dem Jahr von Hegels Tod, nicht fortgeführt worden. Daher sei das, was danach gekommen ist, letztendlich geschichtslos. Siehe hierzu W. Giegerich, *Animus-Psychologie*, Frankfurt a. M., Berlin, Bern, New York, Paris, Wien (Peter Lang) 1994, S. 67. Siehe auch „Zuerst Schatten, dann Anima. Oder: Die Ankunft des Gastes", in: *Gorgo 15*, 1988, S. 5-28, hier S. 26.

5 W. Giegerich, „Zuerst Schatten, dann Anima. Oder: Die Ankunft des Gastes", in: *Gorgo 15*, 1988, S. 5-28.

lichen Dramas des christlichen Abendlandes. Jetzt erst entstand innerhalb seiner Grenzen so etwas wie ein inländisches Feindbild in der Form des Ausgestoßenen oder des sogenannten schwarzen Schafes unter uns. Es ist diese Rolle, das dazugehörige Wagnis und Gefährdetsein inbegriffen, die Till Eulenspiegel *innerhalb* des christlichen Rahmens lebte. Das Neue dieser zweiten Stufe ist die erste Ahnung von dem bewussten Gegensatz von Ich und Nicht-Ich als einer zusammengehörigen Bipolarität von Gut und Böse. Diese formte den Charakter Till Eulenspiegels, wobei er allerdings weder auf das sogenannte Gute noch das sogenannte Böse fixiert war. Und indem er sich mit keinem der beiden Pole identifizierte, verfiel er auch keinem von ihnen. Auf diese Weise erhielt er sich seine Offenheit gegenüber der andrängenden, eigentlichen Wirklichkeit und zugleich seine Selbstständigkeit und Freiheit: sein Wesen als Tricksterhaftigkeit. Da das Gute und Böse nunmehr ein bewusst zusammenhängendes Paar bilden und die Christenheit auf dieser Stufe einerseits das Böse unter sich am Anderen erbarmungslos bekämpfte und andererseits sich ausschließlich mit dem Guten als seinem Ichideal identifizierte, lässt sich im Falle Till Eulenspiegels das aus dieser Konstellation resultierende tricksterhafte Wechselspiel zwischen ihnen an den Historien eindrucksvoll und komödienhaft[6] erkennen.

---

6 Die tragische Variante des Wechselspiels der Bipolarität von Gut und Böse fand 1587 seine erste überlieferte literarische Darstellung im *Volksbuch vom Doktor Faust*. In diesem Zusammenhang sei darauf hingewiesen, dass H. Bote ein Zeitgenosse des historischen Georg Faust (um 1480 – um 1539) war. In diesem flossen Biographie und Legende früh ineinander und ergaben den Dr. Faust des Faust-Stoffes. – Da Wolfenbüttel in unmittelbarer Nähe von Braunschweig gelegen ist und H. Bote aus Braunschweig stammt, ist erwähnenswert, dass ein deutscher Text in einer Wolfenbütteler Handschrift, eine frühere, vermutlich lateinische Niederschrift des Faust-Stoffs zu belegen scheint. Siehe F. Martini, op. cit. S. 109. Zum Ausgang von Goethes *Faust II* schreibt H. Schlaffer in seinem Buch *Faust Zweiter Teil*, Stuttgart, Weimar (J. B. Metzler) 2. Aufl., 1998, auf S. 163f.: „In Fausts Leben und Tod haben die Unnatürlichkeit und Lieblosigkeit der Moderne eine extreme Verkörperung gefunden; dem tritt das so Negierte [in den beiden letzten Szenen, ‚Grablegung' und ‚Bergschluchten'] in einem entsprechend extremen Bild absoluter Natur und vergeistigter Liebe entgegen. [...] Diese transfigurierte Natur wird zur Metapher der Liebe. Sie ist das einzige Thema am Schluß von *Faust II*." Durch das von Goe-

In den von Tills Leben handelnden Historien erfüllt Eulenspiegel als Trickster, ganz unbewusst, unabsichtlich, eine bewusstseinserweiternde Aufgabe, denn die Tricksterhaftigkeit weist dem Schalk eine positiv-wichtige, das herrschende Bewusstsein aufrührende, hinterfragende, ja aufhebende Rolle zu. Nach W. Giegerich ist dies heute in einem besonderen Sinn höchst aktuell, denn „der westliche Mensch hat sich unwissentlich in die Irrealität, in die Abstraktion treiben lassen. Die Irrealität ist absolut, insofern sie unter dem Deckmantel ihres Gegensatzes erscheint: als ‚positivistische Realität'. ... wir leben grundsätzlich in einer superterrestrischen Welt der Ideen, verpuppt in der Irrealität ..."[7]

Was in dieser Situation wirklich vonnöten ist, ist ein *reales* Durchbrechen dieser Blase, in die die menschliche Existenz hermetisch eingekapselt ist, um die Wirklichkeit zu erreichen und diese umgestaltend auf uns *realiter* einwirken zu lassen. Die Voraussetzung dafür ist erst dann geschaffen, wenn im Begreifen ihrer wir auch uns von ihr erkennen und begreifen lassen. Ansonsten bleiben wir weiterhin faustisch. Hier stellt sich also die Frage, ob und wie Welt, wie die gesellschaftliche Wirklichkeit von den Eulenspiegel-Historien erreicht und damit zugleich unser Wirklichwerden realisierbar wird. Das erwirkt ansatzweise - eben weil noch ganz unbewusst, unabsichtlich - der in den Historien waltende tricksterhafte Genius Eulenspiegels, der ihnen ihre einzigartige Durchschlagskraft und Wirksamkeit verleiht und dadurch den bewusstseinsvermehrenden Ansatz zur schmerzlichen, jedoch notwendigen Wahrheitsfindung bietet. Und die Erkenntnis der Wahrheit macht einen frei. (Joh. 8, 32).

---

the gewählte, historisch überholte, ausgediente religiöse Gewand werde „die Unmöglichkeit bezeichnet, daß diese Gegenwelt, so wünschenswert sie wäre, real werden könnte." Es handele sich also um eine konjunktivische und ironische ‚Erlösung' Fausts. Sie sei eine ideell notwendige, aber real unmögliche Alternative zu dem, was ist. - Dem sei hinzugefügt, dass sie auf Hegels *Ebene des Begriffs* geistig bewusst verwirklichbar ist, was nicht ohne Auswirkungen auf die Realität bliebe.

7 W. Giegerich, „Killings: Psychology's Platonism and the Missing Link to Reality", Tonkassette FAP-8, *Festival of Archetypal Psychology in Honor of James Hillman*, Boulder, Colorado (Sounds True Recordings) 7. 7. - 12. 7. 1992. - *Meine Übersetzung.*

Auch wenn eine Reihe von Eulenspiegel-Historien heute tabu ist, so muss dem entgegengehalten werden, dass in der Literatur auch Tabu-Motive Metaphern sind und als solche die *geistige* Wirklichkeit des literarischen Kunstwerks beinhalten und folglich nicht mit der physischen Realität gleichzusetzen sind. Das gilt für das Buch als Ganzes, also auch für die Eulenspiegel-Gestalt. „[Botes Werk] ist nicht eine natürliche Wirkung oder Folgeerscheinung von [Till Eulenspiegels Leben], sondern eine dichterische Schöpfung, die [ihn und sein Leben] innerhalb ihrer frei erfunden hat, wenn auch unter Rückgriff auf bestimmte, allerdings sicher nicht genauso geschehene, historische Ereignisse. [...] Ganz gleich, ob es in der äußeren Faktizität [das Leben eines Till Eulenspiegels] gegeben hat oder nicht, in beiden Fällen ist [es] als Motiv der Dichtung [Botes] eine dichterische *Erfindung*."[8] Ferner sind Kopf und Bauch (Gefühl) bei der Till Eulenspiegel-Gestalt weder abgespaltene, noch antagonistische Aspekte, sondern bilden eine artikulierte, miteinander im Einklang wirkende Einheit. Und überhaupt, was wäre der Trickster, wenn er nicht gerade auch Tabu-Themen aufgriffe und angriffe? Die Praxis von Selbstzensur und sklavischer Vorsicht widerspricht dem Wesen des Tricksters.

Die Tabuisierung gewisser Geschichten ist auch unvereinbar mit den historischen Gegebenheiten. Denn nach S. H. Sichtermann „muss der heutige Leser von Botes Dichtung die darin häufig vorkommenden Ereignisse der menschlichen Verdauung und ihre Begleiterscheinungen (samt der entsprechenden Darstellungsweise) als unvermeidliche Thematik von Botes Zeit betrachten und nicht etwa als Ausdruck ‚unflätiger' und ‚schmutziger' Gesinnung oder Absichten Botes oder seines Helden."[9] Die Tabuisierung geschieht letztlich also kraft des von *außen* an das Werk herangetragenen moralistischen Standpunktes, einer Form von „externer Reflexion".

---

8 W. Giegerich, *Der Jungsche Begriff der Neurose*, Frankfurt a. M., Berlin, Bern, New York, Paris, Wien (Peter Lang) 1999, S. 52.

9 H. Bote, *Ein kurzweiliges Buch von Till Eulenspiegel aus dem Lande Braunschweig*. Hrsg. von S. H. Sichtermann. Frankfurt a. M. (Insel) 1978 (1981), S. 264.

Till Eulenspiegel: Eine Auswahl aus tiefenspychologischer Sicht hat zum Ziel, den Aspekt des Tricksters, einer Gestalt-Form des Animus[10], herauszustellen, der meines Erachtens in Bezug auf Till Eulenspiegel bisher nicht in der ihm gebührenden Weise Beachtung gefunden hat. In unserer modernen, hochgeistigen Zeit hat sich dieser Aspekt allerdings zu dem nur zu denkenden Animus des Syzygie-Paares Anima/Animus[11] fortbestimmt. Das dem Trickster Till Eulenspiegel und dem Animus Gemeinsame ist ihre Negativität, die jedoch in unserer Zeit nicht mehr unabsichtlich, unbewusst, sondern wegen der zeitgeistigen Neurose, einer höchst raffinierten Erscheinung der Moderne als ein Sich-in-die-wirklichkeitslose-Blase-hermetisch-Einkapseln, eine *bewusst gedachte* sein muss. Denn erst dies ermöglicht das Durchbrechen der Irrealität und die Bewusstwerdung anstehender Wirklichkeiten. Das Trickersterhafte auf der Stufe Till Eulenspiegels bedarf also weiterer Steigerung, Destillation, um die immanente Intentionalität dieser noch ganz unbewussten, unabsichtlichen Negativität kraft des Denkens bewusst zu erkennen. In unserer Zeit ergibt sich die Notwendigkeit für das bewusste Denken in dieser absoluten Negativität im Hegelschen Sinn daraus, dass die bestehende, herkömmliche Verfasstheit der westlichen Zivilisation sich derzeit zu negieren scheint, allerdings ohne dass die neue heute schon sichtbar wäre. Ein paar Stichwörter wie Terrorismus, Finanzkrise und Klimakatastrophe mögen an dieser Stelle genügen.

Die von H. von Senger[12] im Westen erstmals vorgestellten 36 Strategeme der Chinesen sind ein einzigartig geeignetes Bezugssystem, Eulenspiegels listiges Vorgehen in den jeweiligen Historien zu analysieren und bewusster zu verstehen. Und da H. Botes Buch mit Till Eulenspiegel als Trickster *par excellence* voller List und Listarten ist, lässt es sich auch als eine unterhaltsame Listenschule benutzen. Allerdings greift der Begriff der List im Verständnis von Till Eulenspiegels Wesen entschieden zu kurz. Der Endeffekt der Streiche Eulenspiegels ist primär auch nicht die

---

10 W. Giegerich, *Animus-Psychologie*, Frankfurt a. M., Berlin, Bern, New York, Paris, Wien (Peter Lang) 1994, S. 219f.

11 Ebd., S. 37ff.

12 H. von Senger, *Strategeme*. Bern, München, Wien (Scherz). Bd. 1, 2. Aufl. 2003, Bd. 2, 3. Aufl. 2004.

Entlarvung von menschlichen Schwächen und Bosheiten, sondern die implizite Sprengung und Aufhebung eines gegebenen Bewusstseinsstandes. Erst mit Hegels Begriff der absoluten Negativität wird man seinem Wesen im tiefsten Sinne gerecht. Das Gemeinsame der Eulenspiegelhistorien besteht im großen Ganzen darin, dass der in ihnen herrschende Bewusstseinshorizont aus den Angeln gehoben, genauer, i. S. v. Hegels Begriff der *Aufhebung* auf dieser Stufe zwar noch nicht explizit, so doch implizit negiert wird. Demnach ist der vorige Bewusstseinsstatus als obsoleter im neu herrschenden enthalten.

Die hier ausgewählten, übersetzten Historien, ausgestattet mit neuen, auf ihren Gehalt sorgfältig abgestimmten Überschriften tragen dieser Erkenntnis hinsichtlich der trickstertiaften Negativität Till Eulenspiegels Rechnung. Die gehaltmäßige Übereinstimmung zwischen Überschrift und Historientext verleiht dem zweiteiligen Gebilde einen interaktiven Charakter. Übrigens ruft bereits H. Bote zur Interaktivität mit seinem Werk auf, wenn er in der Vorrede dazu ausdrücklich schreibt: „Und ich bitte einen jeden, meine Schrift zu verbessern, wenn sie zu lang oder zu kurz sein sollte, damit sie mir keine Gleichgültigkeit einbringe." Die in den Historien enthaltene, waltende Negativität im Status des Unbewusstseins ist der geistigen Destillation so lange unterworfen worden, bis sie in den Status des Bewusstseins übertragen war. Das *begriffliche* Resultat dieses „internen" Reflexionsprozesses hat in den jeweiligen Überschriften, im Inhaltsverzeichnis, in der Wortwahl und z. T. in den Fußnoten seinen Niederschlag gefunden. Auf diese Weise sind die Historien der Vergangenheit zugleich in den Status der *geschichtlichen* Gegenwart gehoben. Als gegenwärtige Erinnerungen können wir uns ihnen nun allen ausnahmslos gedanklich frei widmen, ohne uns in Widerwillen von irgendwelchen Historien abwenden zu müssen.

Der Grundsatz meiner Übersetzung nach dem Straßburger Druck von 1515, von W. Lindow[13] durchgesehen und bibliographisch ergänzt, ist, die Historien in das Sprachgewand unserer Zeit zu kleiden und sie dadurch an heutiges Vorstellungsvermögen anzunähern, ohne ihren Gehalt auch

---

[13] *Ein kurtzweilig Lesen von Dil Ulenspiegel.* Nach dem Druck von 1515 mit 87 Holzschnitten. Hrsg. von W. Lindow. Stuttgart (Reclam) 1966 (1978).

nur geringfügig verändern zu wollen. Es ist gleichsam ein Versuch, ein auf mehrfache Weise abgesunkenes, jedoch geniales Schriftwerk europäischen Gedankengutes wieder ins Bewusstsein unserer Zeit zu heben und ihm dadurch seine notwendige Wirkung zurückzugeben: Till Eulenspiegel mit Biss! Denn die Eulenspiegel-Gestalt ist eine archetypische Erscheinung eines übermächtigen, geistvollen, von echter Liebe, lebendiger Wahrheit und wirklicher Freiheit, letztendlich vom absoluten Geist bestimmten Trickster-Genius, der hiermit die Schwelle am Ausgang aus der Faust-Problematik der Moderne darstellt. - Wie doch ein begnadeter, materiell Armer durch seinen Geist die Welt bereichert und sogar die menschliche Unsterblichkeit erlangt![14]

Roland Lukner

---

[14] Eulenspiegel hat auch Eingang gefunden in das Lachtheater, wo er in der komödiantischen Figur des Störenfrieds, vielfach variiert, weiterlebt und die Fortentwicklung des Bewusstseins betreibt. Siehe V. Klotz, *Bürgerliches Lachtheater,* Heidelberg (Universitätsverlag Winter). 4. Aufl. 2007.

Inhalt

[Vorrede]

Im Jahre 1500 nach Christi Geburt bin ich, N.[15], von etlichen Personen gebeten worden, ihnen zuliebe diese Historien und Geschichten zu sammeln und aufzuschreiben, was in vergangener Zeit ein in List und Durchtriebenheit geistig reger Bauernsohn, genannt Till Eulenspiegel und geboren im braunschweigerischen Herzogtum, getrieben und getan hat in fremden und deutschen Landen. Für meine Mühe und Arbeit wollten sie mir ihre Gunst hoch erweisen. Solches und mehr zu tun, wäre ich bereit, antwortete ich. Aber ich wäre nicht im Besitze solchen Verstandes und Wissens, dieses Vorhaben zu vollbringen. Mit freundlicher Bitte legte ich ihnen viele Gründe dar, mir zu erlassen, von Eulenspiegel etwas zu schreiben, was er in etlichen Ortschaften getrieben hat, weil sie das verdrießen könnte. Aber diese meine Antwort wollten sie als Entschuldigung nicht gelten lassen.

So habe ich mich nach meinem geringen Wissen verpflichtet und das Anliegen angenommen, mit Gottes Hilfe (ohne den nichts geschehen kann) und mit Fleiß angefangen. Und ich will mich im Voraus gegenüber jedem insofern entschuldigen, als meine Aufzeichnungen niemandem zum Verdruss geschehen oder jemanden geringschätzen sollen: Das sei weit von mir!

---

15 Hermann Bote, um 1467 - um 1520, Braunschweiger Zollschreiber und Verfasser von *Ein kurzweiliges Buch von Till Eulenspiegel* ... Ein fürstliches Reskript von 1652 nennt die Zolloffizianten im Herzogtum Braunschweig unter den „Unehrlichen", wohl mehr i. S. v. Diffamierten. Ihre gesellschaftliche Stellung – bei manchen wohl auch ihre Geisteshaltung als ein ungeteilt Ganzes – ist also zu jenen Zeiten mehr oder weniger als *ambivalent* anzunehmen. Siehe W. Danckert, *Unehrliche Leute,* Bern und München, (Francke) 2. Aufl. 1979, S. 266. Wie dem auch sei, H. Bote lebte und wirkte in einer ambivalenten Zeit, deren Grundstimmung der Umbruch vom Mittelalter zu einem neuen Zeitalter war. Diese Zeit, geprägt von innerem Widerstreit, hat ihren grundlegenden philosophisch-theologischen Niederschlag in des Humanisten Nikolaus von Kues' (1401 - 1464) dialektischem Prinzip der *Coincidentia oppositorum* gefunden, dem Zusammenfall der Gegensätze in der absoluten, aktual unendlichen Einheit. - *Übers.*

Es geht allein darum, ein fröhliches Gemüt zu machen in schweren Zeiten, indem die Leser und Zuhörer sich daraus mit Freuden und Schwänken gute Unterhaltung schaffen mögen. Es ist auch in diesem meinem schlichten Schreiben keine Kunst oder Feinsinnigkeit, da ich leider im lateinischen Schrifttum ungelehrt und ein schlichter Laie bin.

(Damit der Gottesdienst nicht vernachlässigt werde), ist dieses mein Buch am allerbesten zu lesen, wenn sich die Mäuse unter den Bänken beißen, die Tage kurz werden und die gebratenen Birnen gut schmecken bei dem neuen Wein. Und ich bitte einen jeden, meine Schrift von Eulenspiegel zu verbessern, wenn sie zu lang oder zu kurz sein sollte, damit sie mir keine Gleichgültigkeit einbringe. Und hiermit beende ich meine Vorrede und beginne mit Till Eulenspiegels Geburt. Einige Geschichten der Dichtungen *Der Pfaffe Amis* und *Der Pfaffe vom Kalenberg* habe ich mit einbezogen.

1. Till Eulenspiegels Geburt und drei Taufen. Hier schon zeigte sich das Wirken der Negation von Eulenspiegels Genius.

Bei dem hügeligen Waldgebiet Elm genannt, im Dorf Kneitlingen im Sachsenland, wurde Eulenspiegel geboren. Sein Vater hieß Claus Eulenspiegel, seine Mutter Ann Wibcken. Nachdem sie sich von der Geburt des Kindes erholt hatte, brachte man es in das Dorf Ampleben zur Taufe und gab ihm den Namen Till Eulenspiegel. Till von Uetzen, der Burgherr von Ampleben, war sein Taufpate. (Ampleben ist das Schloss, das die Magdeburger vor etwa 50 Jahren mit Hilfe anderer Städte als ein böses Raubschloss zerstörten. Die Kirche und das Dorf daneben besitzt jetzt der würdige Abt von Sankt Ägidien, Arnold Pfaffenmeier.)

Als nun Eulenspiegel getauft und man mit ihm wieder auf dem Weg nach Kneitlingen war, da wollte die Taufpatin, die das Kind trug, eilig über einen Steg gehen, der zwischen Kneitlingen und Ampleben über einen Bach führt. Man hatte aber viel Bier nach der Kindtaufe getrunken. (Denn es ist dort Sitte, dass man mit den Kindern nach der Taufe ins Bierlokal geht, um auf deren Wohl zu trinken und fröhlich zu sein; das bezahlt dann der Vater des Kindes.) Und so fiel denn die Taufpatin von dem Steg in die Lache und beschmutzte sich und das Kind so jämmerlich, dass das Kind dabei fast erstickt wäre. Da halfen die anderen Frauen der Badetante mit dem Kind wieder heraus, gingen heim in ihr Dorf, wuschen das Kind in einem Kessel und machten es wieder sauber und schön.

So wurde Eulenspiegel an einem Tag dreimal getauft: einmal im Taufbecken, einmal in der Lache und einmal im Waschkessel mit warmem Wasser.

2. Indem Till den ihn beim Vater beschuldigenden Dorfleuten, er sei ein Schalk, Streiche spielte, von denen der Vater aber nichts merkte, bewies er ihm das Gegenteil.

Als Eulenspiegel so alt war, dass er stehen und gehen konnte, trieb er viele Scherze mit den jungen Kindern, denn er war voller Tricks. Wie ein Affe tummelte er sich auf den Kissen und im Gras. Mit drei Jahren schon befleißigte er sich dermaßen aller Art Späße, dass alle Nachbarn gemeinsam dem Vater klagten, sein Sohn sei ein Schalk. Da ging der Vater zum Sohn, und er fragte ihn: „Wie geht es doch die ganze Zeit zu, dass unsere Nachbarn sagen, du seist ein Schalk?" Eulenspiegel antwortete: „Lieber Vater, ich tue doch niemandem etwas. Das will ich dir ein für alle Mal beweisen. Geh hin, setz dich auf dein Pferd, und ich will mich hinter dich setzen und stillschweigend mit dir durch die Gassen reiten. Dennoch werden sie über mich lügen und sagen, was sie wollen. Achte mal darauf!"

Das tat der Vater und nahm den Sohn hinter sich auf das Pferd. Da hob sich Eulenspiegel hinten auf mit seinem Loch, ließ die Leute den bloßen Arsch sehen und setzte sich dann wieder. Die Nachbarn und Nachbarinnen zeigten auf ihn und sprachen: „Schäm dich! Ein Schalk ist das!" Da sagte Eulenspiegel: „Hör, Vater! Du siehst ja, dass ich ganz still bin und niemandem etwas tue, und doch sagen die Leute, ich sei ein Schalk."

Der Vater machte es nun anders, indem er seinen lieben Sohn vor sich auf das Pferd setzte. Eulenspiegel saß ganz still, aber er sperrte das Maul auf, grinste die Bauern an und streckte die Zunge heraus. Die Leute liefen herzu und riefen: „Seht mal an! Ein junger Schalk ist das!" Da sprach der Vater: „Du bist offenbar in einer unglückseligen Stunde geboren. Du sitzt still und schweigst und tust niemandem etwas, und trotzdem sagen die Leute, du seist ein Schalk."

3. Der Umzug der Familie Eulenspiegel von Tills Geburtsort im Sachsenland in das magdeburgische Land an den Fluss Saale; der Tod des Vaters, und wie Till beim Seiltanz[16] ins Wasser fiel und ausgelacht wurde.

Danach zog der Vater mit seiner Familie in das magdeburgische Dorf an der Saale, woher Tills Mutter stammte. Bald darauf starb der alte Claus Eulenspiegel. Die Mutter blieb zu Hause bei dem Sohn und geriet in Armut. Eulenspiegel aber wollte kein Handwerk lernen, obgleich er schon an die sechzehn Jahre alt war. Stattdessen trieb er sich herum und lernte so manche Narretei.

Eulenspiegels Mutter wohnte in einem Haus, dessen Hof an die Saale grenzte. Hier begann Eulenspiegel auf dem Seil zu gehen. Das trieb er zuerst heimlich auf dem Dachboden des Hauses, weil die Mutter seine Torheit auf dem Seil zu tanzen nicht dulden wollte und drohte, ihn deswegen zu verprügeln. Einmal erwischte sie ihn auf dem Seil, nahm einen großen Knüppel und wollte ihn damit herunterschlagen. Da entrann er ihr durch ein Fenster und setzte sich oben auf das Dach, sodass sie ihn nicht erreichen konnte.

Weitere Versuche unterblieben, bis er ein wenig älter wurde. Dann fing er wieder mit dem Seiltanzen an. Er zog das Seil oben vom Hinterhaus seiner Mutter über die Saale in ein Haus gegenüber. Viele junge und alte Leute bemerkten das Seil, auf dem Eulenspiegel laufen wollte, und kamen aus Neugierde herbei, um zu sehen, was für ein seltsames oder bestaunenswertes Spiel er treiben wollte.

Als nun Eulenspiegel auf dem Seil im besten Tanzen war, bemerkte es seine Mutter, konnte ihm aber direkt nicht viel antun. Doch schlich sie heimlich hinten in das Haus auf den Dachboden, wo das Seil angebunden war, und schnitt es entzwei. Da fiel ihr Sohn unter großem Spott der Leute ins Wasser und badete tüchtig in der Saale. Die Bauern lachten sehr, und die Jungen riefen ihm laut zu: „Hehe, bade nur gut aus! Du hast lange nach dem Bad gestrebt!"

---

16 Der Seiltanz, im Mittelalter von der Kirche verboten, wurde erst wieder nach der Französischen Revolution praktiziert. – *Übers.*

Das verärgerte Eulenspiegel sehr. Das Bad machte ihm nichts aus, wohl aber das Spotten und Rufen der Jungen. Er dachte nach, wie er es ihnen wieder vergelten und heimzahlen konnte. Und er badete sich aus, so gut es ging.

4. Eulenspiegel rechnete mit den Dorfleuten wegen der Verspottung beim Bad ab.

Kurze Zeit danach wollte Eulenspiegel seinen Schaden und den Spott wegen des Bades rächen. Er zog das Seil aus einem anderen Haus über die Saale und machte die Leute glauben, dass er abermals auf dem Seil gehen wolle. Das Volk rannte bald herzu, Jung und Alt. Und Eulenspiegel sagte zu den Jungen, jeder solle ihm seinen linken Schuh geben, denn er wolle ihnen mit den Schuhen ein hübsches Kunststück auf dem Seil zeigen. Die Jungen glaubten das, und alle meinten, es sei wahr, auch die Alten. Die Jungen begannen, die Schuhe auszuziehen und sie Eulenspiegel zu geben. Es waren beinahe hundertzwanzig Jungen. Eulenspiegel bekam die Hälfte ihrer Schuhe. Da zog er sie auf eine Schnur und stieg damit auf das Seil. Als er auf dem Seil war und auch die Schuhe oben hatte, sahen die Alten und Jungen zu ihm hinauf und glaubten, er wolle ein lustiges Stück mit den Schuhen darbieten. Ein Teil der Jungen war aber betrübt, denn sie hätten ihre Schuhe gern wiedergehabt.

Als nun Eulenspiegel auf dem Seil seine Künste aufführte, rief er plötzlich: „Passt mal auf! Jeder suche seinen Schuh wieder!" Er schnitt die Schnur entzwei und warf alle Schuhe von dem Seil auf die Erde, sodass ein Schuh über den anderen purzelte. Da stürzten die Jungen und Alten herzu, einer erwischte hier einen Schuh, der andere dort. Der eine rief: „Dieser Schuh ist mein!" Der andere schrie: „Du lügst, er ist mein!" Und so fielen sie sich in die Haare und begannen einander zu prügeln. Der eine lag unten, der andere oben; der eine schrie, der andere weinte, der dritte lachte. Das währte so lange, bis auch die alten Ohrfeigen austeilten und sich bei den Haaren zogen.

Während all dessen saß Eulenspiegel auf dem Seil, lachte und rief: „Hehe, sucht nun die Schuhe; gestern musste ich ausbaden!" Dann lief er von dem Seil und ließ die Jungen und Alten sich um die Schuhe zanken.

Vier Wochen lang durfte sich Eulenspiegel den Jungen und Alten nicht zeigen. Deshalb saß er zu Hause bei seiner Mutter und beschäftigte sich mit allerlei Dingen. Da freute sich die Mutter sehr und meinte, es würde noch gut werden mit ihm. Aber sie wusste nichts von dem Streich, den er gespielt hatte und sich darum draußen nicht sehen lassen durfte.

5. Trotz großer Not und des Drängens seiner Mutter, ein Handwerk zu lernen, blieb Eulenspiegel sich selber treu.

Eulenspiegels Mutter war froh, dass ihr Sohn so häuslich war, schalt ihn jedoch, dass er kein Handwerk lernen wollte. Er schwieg dazu, doch die Mutter ließ nicht nach, ihn zu tadeln. Schließlich sagte Eulenspiegel: „Liebe Mutter, wozu sich einer entscheidet, das wird ihn sein Leben lang erhalten."[17] Darauf erwiderte die Mutter: „Wenn ich so nachdenke, ich habe seit vier Wochen kein Brot in meinem Haus gehabt." Eulenspiegel entgegnete ihr: „Meine Rede war von was anderem. Aber ein armer Mann, der nichts zu essen hat, fastet am Sankt Nikolaustag [einem Fasttag], und wenn er was hat, so isst er mit Sankt Martin zu Abend. So essen wir auch."

---

17 „Im Menschen sind bei seiner Geburt von Gottvater vielerlei Samen und Keime für jede Lebensform angelegt; welche ein jeder hegt und pflegt, die werden heranwachsen und ihre Früchte in ihm tragen." Pico della Mirandola, Giovanni, *De hominis dignitate (Über die Würde des Menschen).* Übersetzt von Norbert Baumgarten, hg. und eingeleitet von August Buck, Hamburg 1990. Zit. nach Peter Walter, „List in ungewohntem Gewande: ‚vafrities'", in: *Die List*, hg. von Harro von Senger, Frankfurt a. M. (Suhrkamp) 1999, S. 191.
„... im Grunde lässt sich seit Pico della Mirandolas Rede über die Würde des Menschen Menschsein nur als offenes Projekt beschreiben. Menschsein bedeutet demnach, ein Wesen mit der Möglichkeit der Selbstgestaltung und Selbstauslegung zu sein." Konrad Paul Liessmann, „Das, was nicht sein soll", in: *Was ist der Mensch?*, hgg. von Detlev Ganten et al, Berlin, New York (Walter de Gruyter) 2008, S. 166.
Till hält an seiner Entscheidung unbeirrbar fest, seiner sich selbst aufs Leben gegebenen Bestimmung zu folgen. Darin spiegelt sich wohl auch H. Botes Entschlossenheit wider, seiner sich ihm gestellten künstlerischen Aufgabe, der Niederschrift des Till Eulenspiegelbuches, die Treue zu halten und sie als Dichtung zu realisieren. – Das erinnert auch an C. G. Jung, dem etwas Ähnliches widerfuhr. Über das sein Leben bestimmendes Ereignis, dem er sein gesamtes Lebenswerk in einer seiner Zeit angemessenen Form widmete, berichtet er in seiner Autobiographie. Siehe *Erinnerungen Träume Gedanken von C. G. Jung.* Aufgezeichnet und hrsg. von A. Jaffé. Mit 26 Tafeln. 10. Aufl. Olten (Walter-Verlag) 1979, S. 203. – *Übers.*

6. Eulenspiegel kam bei einem reichen Bäcker in Staßfurt kostenlos zu einem Sack voll Brot, den er seiner Mutter heimbrachte.

„Lieber Gott, hilf", dachte Eulenspiegel, „wie soll ich die Mutter beruhigen? Wo soll ich Brot herbekommen für ihren Haushalt?" Und er ging aus dem Dorf, in dem seine Mutter wohnte, in die Stadt Staßfurt. Dort fand er das Geschäft eines reichen Bäckers, ging hinein und fragte, ob der Bäcker seinem Herrn für zehn Schillinge Roggen- und Weißbrot liefern wolle. Er nannte den Herrn einer Gegend und fügte hinzu, sein Herr sei hier in Staßfurt und erwähnte auch den Gasthof, in dem er sei. Der Bäcker solle seinen Burschen mit in die Gaststätte zu seinem Herrn schicken, dort wolle er ihm das Geld geben. Der Bäcker war damit einverstanden. Nun hatte Eulenspiegel einen Sack mit einem verborgenen Loch. In diesen Sack ließ er sich das Brot zählen. Und der Bäcker schickte einen Gehilfen mit Eulenspiegel, um das Geld zu empfangen.

Als Eulenspiegel eine kurze Strecke von der Bäckerei gegangen war, ließ er ein Weißbrot aus dem Loch in den Straßendreck fallen. Da setzte er den Sack nieder, und er sprach zu dem Bäckerjungen: „Ach, das beschmutzte Brot darf ich meinem Herrn nicht bringen. Lauf rasch damit zurück und bring mir ein anderes Brot dafür! Ich will hier auf dich warten."

Der Gehilfe lief davon, um ein anderes Brot zu holen. Unterdessen ging Eulenspiegel weiter und trat in der Vorstadt in einen Haushof. Dort stand ein Pferdekarren aus seinem Dorf. Darauf legte er seinen Sack und ging dann daneben her und gelangte so zum Haus seiner Mutter.

Als der Bäckerjunge mit dem Brot wiederkam, war Eulenspiegel mit den Broten verschwunden. Da rannte er zurück und sagte es dem Bäcker. Der lief sogleich zum Gasthof, den ihm Eulenspiegel genannt hatte. Doch er fand dort niemanden, sondern sah, dass er betrogen war.

Eulenspiegel kam nach Hause, brachte der Mutter das Brot und sprach: „Schau her und iss, solange du etwas hast, und faste, wenn du nichts hast."

7. Eulenspiegel wurde beim Weck- oder Semmelbrot zum Überessen gezwungen und bekam davon Durchfall.

Im Dorf, in dem Eulenspiegel mit seiner Mutter wohnte, herrschte der Brauch, wonach ein Hauswirt, der ein Schwein geschlachtet hatte, die Nachbarskinder in das Haus kommen ließ und ihnen eine Suppe oder Brühe zu essen gab, die man das Weckbrot nannte.

Nun wohnte in demselben Dorf ein geschäftstüchtiger Gutspächter, der mit dem Essen geizte und doch den Kindern das Weckbrot nicht versagen durfte. Da dachte er sich eine List aus, mit der er ihnen das Weckbrot verleiden wollte. In ein großes Molkegefäß schnitt er zunächst fettige Brotrinden. Als dann die Kinder kamen, Jungen und Mädchen - darunter auch Eulenspiegel -, ließ er sie ein, schloss die Tür zu und füllte das Weckbrot auf. Es waren aber viel mehr Brotreste, als die Kinder essen konnten. Wenn eines nun satt war und davongehen wollte, kam der Hauswirt und schlug es mit einer Rute um die Lenden, sodass sich ein jedes überessen musste. Und da der Hauswirt von Eulenspiegels Listigkeit wusste, gab er auf ihn besonders Acht. Wenn er einen anderen um die Lenden schlug, so kriegte es Eulenspiegel noch mehr. Das trieb er so lange, bis sie das Weckbrot, aufgegessen hatten. Und das bekam ihnen ebenso gut wie dem Hund das Gras.

Danach wollte keines mehr in das Haus des geizigen Mannes gehen, um Weckbrot zu essen.

8. Eulenspiegel beantwortete die Grausamkeit des geizigen Gutspächters, indem er ihm über zweihundert Hühner mithilfe einer großartigen Idee schlagartig vernichtete.

Als der Mann am nächsten Tag ausging, begegnete er Eulenspiegel, und er fragte ihn: „Lieber Eulenspiegel, wann willst du wieder zu mir zum Weckbrot kommen?" Eulenspiegel antwortete: „Wenn sich deine Hühner um einen Happen reißen, je vier um einen Bissen Brot." Da sagte der Mann: „Ja, dann willst du so bald nicht wieder zu meinem Weckbrot kommen." Eulenspiegel entgegnete: „Was wäre aber, wenn ich noch vor der Weckbrotzeit käme?", und ging seines Weges.

Eulenspiegel gab so lange Acht, bis er die Zeit abpasste, dass die Hühner des Mannes auf der Gasse nach Futter suchten. Da nahm er eine Menge Fäden, band je zwei in der Mitte zusammen und befestigte an jedem Fadenende einen Bissen Brot. Die Lockspeise legte er so aus, dass die Fäden nicht auffielen, der Köder selbst aber gut zu sehen war. Als die Hühner nun hier und dort die Brotstücke mit den Fäden pickten und in ihre Hälse schluckten, konnten sie die Bissen nicht hinunterschlucken, denn am anderen Ende zog ein anderes Huhn, sodass je eins das andere zog. Keines konnte den Bissen weder hinunterschlucken noch der Größe wegen aus dem Hals herausbekommen. Mehr als zweihundert Hühner standen sich so gegenüber und würgten und zerrten an der Lockspeise.

9. Eulenspiegel legte zwei Dieben nach der Maxime „Entzwei' und herrsche!" das Handwerk und entkam ihnen auch heil.

Einmal ging Eulenspiegel mit der Mutter in ein Dorf zum Volksfest. Er trank dort und wurde betrunken. Dann verließ er es und suchte sich ein Eckchen, wo er behaglich schlafen könne und niemand ihm etwas täte. In einem Hof fand er hinten einen Haufen Bienenkörbe, und daneben lagen viele, die leer waren. Er kroch in einen leeren Korb, der gleich am Bienenstand lag, und wollte ein wenig schlafen. Er schlief aber von Mittag bis gegen Mitternacht. Seine Mutter meinte, er sei wieder nach Hause gegangen, weil sie ihn nirgends finden konnte.

In derselben Nacht kamen zwei Diebe und wollten einen Bienenkorb stehlen. Der eine sagte zu dem anderen: „Ich hab immer gehört, dass der schwerste Bienenkorb auch der beste ist." Also hoben sie die Körbe nacheinander auf und kamen so zu dem Korb, in dem Eulenspiegel lag; das war der schwerste. „Das ist der beste Bienenkorb", sagten beide, setzten ihn auf ein Traggestell und trugen ihn davon.

Eulenspiegel war dabei aufgewacht und hatte ihr Reden überhört. Es war stockfinster, sodass einer den anderen kaum sehen konnte. Da langte Eulenspiegel aus dem Korb, griff den Dieb vor ihm bei den Haaren und zog ihn kräftig daran. Der wurde zornig auf den anderen, denn er meinte, dieser hätte ihn bei den Haaren gezogen, und beschimpfte ihn. Der Hintermann aber sprach: „Du träumst wohl oder schläfst noch. Wie sollte ich dich an den Haaren ziehen? Ich kann doch kaum den Bienenkorb mit meinen Händen halten!" Eulenspiegel lachte insgeheim und dachte: „Das Spiel will mir gelingen!" Er wartete, bis die beiden ein Stück weitergegangen waren, dann riss er den Dieb hinter ihm auch tüchtig an den Haaren, sodass dieser das Gesicht vor Schmerz verzog. Der Mann wurde noch zorniger und rief: „Ich geh und trage, dass mir das Kreuz kracht und du beschuldigst mich, ich würde dich an den Haaren reißen. Dabei ziehst du mich an den Haaren, dass mir die Schwarte kracht." Der Vordere aber sprach: „Du lügst dich ja nur selber an! Wie sollte ich dich an den Haaren ziehen? Ich kann doch kaum den Weg vor mir sehen! Auch weiß ich genau, dass du mich bei den Haaren gezogen hast.“ So gingen sie zankend und streitend mit dem Bienenkorb weiter. Und als sie nicht lange danach im besten Zanken waren, zog Eulenspiegel den Dieb vor ihm diesmal dermaßen heftig an den Haaren, dass dessen Kopf gegen den Bienenkorb prallte. Da wurde der so wütend, dass er den Korb fallen ließ und mit den Fäusten blindlings nach dem Kopf des anderen schlug. Dieser ließ den Bienenkorb auch los und griff dem anderen nach den Haaren, sodass sie übereinander fielen. Dann kam einer vom anderen los und keiner wusste, wo der andere geblieben war. Sie verloren sich bald in der Dunkelheit und ließen den Bienenkorb liegen.

Eulenspiegel schaute nun vorsichtig aus dem Korb, und da er sah, dass es noch finster war, schlüpfte er wieder hinein und blieb darin liegen, bis es hell wurde. Dann kroch er aus dem Bienenkorb und wusste nicht, wo er war. So ging er einen Weg entlang, kam zu einer Burg und nahm dort die Stelle eines Hofjungen an.

10. Eulenspiegel verwechselte „Senep“ mit „Henep“, wodurch er sich einer Gefahr ausgesetzt glaubte, die er gemäß der dienstlichen Anweisung bannte.

Bald danach kam Eulenspiegel auf einer Burg zu einem Junker und gab sich als Hofjunge aus. Da musste er mit seinem Junker gleich auf Raubzug ausreiten. An einem Feldweg stand Hanf, den man „Henep“ im Sachsenlande nennt, woher Eulenspiegel stammte. Da sprach der Junker zu Eulenspiegel, der ihm mit der Lanze nachfolgte: „Siehst du das Kraut, das da steht? Es heißt Henep.“ - „Ja, ich seh es“, antwortete ihm Eulenspiegel. Und der Junker fuhr fort: „Wenn immer du welchen antriffst, so scheiß da hinein, denn die Räuber und diejenigen, die keinen Herrendienst tun, sondern sich aus dem Sattel durch Raub ernähren, bindet und hängt man mit dem Strick, der aus dem Kraut gesponnen wird.“ Eulenspiegel sagte: „Ja, das mach ich.“ Der Schlossjunker ritt mit Eulenspiegel hin und her in viele Städte und half den Mittätern rauben, stehlen und nehmen, wie es seine Gewohnheit war.

Einst waren sie zu Hause und das Geschäftsunwesen ruhte. Zur Essenszeit ging Eulenspiegel in die Küche. Da sprach der Koch zu ihm: „Junge, geh in den Keller, dort steht ein irdener Topf mit Senep, den bring mir her!“ Eulenspiegel sagte ja, hatte aber zeitlebens noch keinen Senep oder Senf gesehen. Und als er im Keller den Topf mit dem Senf fand, da dachte er bei sich: „Was will der Koch wohl damit tun? Ich glaube, er will mich damit binden.“ Und er überlegte weiter: „Mein Junker hat mir ja befohlen, fände ich solches Kraut, so sollte ich hineinscheißen.“ Also hockte er sich über den Topf und schiss ihn voll, rührte um und brachte ihn so dem Koch.

Was geschah? Der Koch vermutete nichts, richtete schnell den Senf im Schüsselchen an und schickte ihn zu Tisch. Der Junker und seine Gäste tunkten in den Senf, doch der schmeckte ganz abscheulich. Man ließ den Koch rufen und fragte ihn, was für einen Senf er gemacht habe. Der Koch kostete auch den Senf, spie aus und sagte: „Der Senf schmeckt so, als hätte man hineingeschissen.“ Da lachte Eulenspiegel. Sein Junker fragte ihn: „Was lachst du so unverschämt? Glaubst du, wir können nicht schmecken, was es ist? Willst du es nicht glauben, so komm und koste auch den Senf!" Eulenspiegel antwortete: „Ich esse das nicht. Wissen Sie nicht, was Sie mir auf dem Feldweg befohlen haben? Wenn ich solches Kraut sähe, sollte ich hineinscheißen, denn man pflege die Räuber damit zu hängen und zu erwürgen. Als mich der Koch nach dem Senep in den Keller schickte, habe ich nach Ihrem Befehl gehandelt." Da rief der Junker: „Du verdammter Schalk, das soll dein Unglück sein! Das Kraut, das ich dir zeigte, heißt Henep und das, was dich der Koch bringen ließ, heißt Senep. Das hast du aus großer Gemeinheit getan." Und er nahm einen Knüppel und wollte Eulenspiegel damit schlagen. Doch dieser war behände, lief ihm von der Burg davon und kam nicht wieder.

11. Eulenspiegel bewahrte einen Pfarrer vor einer Verfehlung, indem er ihm ein Brathähnchen wegaß, und wie er der Dienstanweisung gemäß seiner Arbeit nachging und trotzdem den Laufpass erhielt, aber auf Anraten des Pfarrers von der Dorfgemeinde als Küster eingestellt wurde.

Im Lande Braunschweig liegt im Stift Magdeburg das Dorf Büddenstedt[18]. Eulenspiegel ging dort in das Pfarrhaus und wurde vom Pfarrer, der ihn aber nicht kannte, als Knecht eingestellt. Der Pfarrer sagte ihm, er solle gute Tage und einen guten Dienst bei ihm haben, essen und trinken solle er das Beste, ebenso gut wie seine Wirtschafterin. Und alles, was er machen müsse, könne er mit halber Arbeit tun; es wäre also ein Leichtes. Eulenspiegel sagte, er wolle sich danach richten. Und er bemerkte, dass die Haushälterin nur ein Auge hatte. Diese brachte sogleich zwei geschlachtete Hühner herbei, steckte sie an den Bratspieß und wies Eulenspiegel an, sich zum Feuer zu setzen und sie zu braten. Eulenspiegel war dazu bereit und drehte die Hühner über dem Feuer.

Als sie gar gebraten waren, dachte er nach: „Als mich der Pfarrer einstellte, sagte er doch, ich solle ebenso gut essen und trinken wie er und seine Haushälterin. Das könnte an den Hühnern verfehlt werden, denn die Worte des Pfarrers würden nicht wahr sein, wenn ich nicht auch von den Hühnern äße. Ich will so klug handeln, damit seine Worte wahr bleiben.“ Also brach er eins vom Spieß und aß es ohne Brot.

Kurz vor Essenszeit kam die einäugige Wirtschafterin zum Feuer und wollte die Hühner beträufeln. Da sah sie, dass nur ein Huhn am Spieß war. Sie fragte Eulenspiegel: „Es waren doch zwei Hühner! Wo ist das eine hingekommen?“ Eulenspiegel antwortete: „Frau, tun Sie das andere Auge auch auf, so sehen Sie alle beide Hühner.“ Da er damit die Haushälterin wegen ihres einen Auges gekränkt hatte, wurde sie sehr zornig. Über Eulenspiegel erbost, lief sie zum Pfarrer und erzählte ihm, wie sein „feiner“ Knecht sie wegen ihres einen Auges verspottet habe. Auch habe sie von den zwei Hühnern nur eins vorgefunden, als sie zu ihm hingegangen sei, um nachzusehen, wie er briet.

---

18 Jetzt „Neu-Büddenstedt“, etwa 1 km nördlich der alten Ortslage.

Der Pfarrer ging in die Küche zum Feuer und sprach zu Eulenspiegel: „Was spottest du über meine Magd? Ich seh ja, dass nur ein Huhn am Spieß steckt, und es sind doch zwei gewesen." Eulenspiegel bestätigte es: „Ja, es sind zwei gewesen." Der Pfarrer fragte: „Wo ist dann das andere geblieben?" Eulenspiegel antwortete: „Das steckt doch da! Tun Sie Ihre beiden Augen auf, so sehen Sie, dass ein Huhn am Spieß steckt. Ich sagte es der Haushälterin auch so; da wurde sie zornig." Da lachte der Pfarrer, und er sprach: „Das kann meine Magd nicht, beide Augen aufmachen, denn sie hat nur eines." Eulenspiegel stellte fest: „Das sagen Sie, nicht ich." Der Pfarrer fuhr fort: „Das Geschehene wollen wir auf sich beruhen lassen, doch das steht fest: Ein Huhn ist weg." Eulenspiegel erklärte: „Ja, das steht fest: Ein Huhn ist weg und eins steckt noch. Ich habe das andere gegessen, da Sie anfangs gesagt hatten, ich solle ebenso gut essen und trinken wie Sie und Ihre Magd. Es tat mir leid, Sie sollten gelogen haben, wenn Sie und die Haushälterin die beiden Hühner aufgegessen hätten und mir davon nichts zuteilgeworden wäre. Damit Sie nicht zum Lügner an Ihren Worten würden, habe ich ein Huhn aufgegessen." Der Pfarrer war mit der Erklärung zufrieden und sprach: „Mein lieber Knecht, es geht mir nicht um den Braten, doch tue fortan nach dem Willen der Haushälterin, wie sie es gerne sieht." Eulenspiegel antwortete: „Ja, lieber Herr, das geht in Ordnung."

Danach tat er nur die Hälfte von dem, was ihm die Wirtschafterin auftrug. Wenn er einen Eimer Wasser holen sollte, so brachte er ihn halb voll, und wenn er zwei Holzscheite für den Herd holen sollte, brachte er nur eins. Sollte er dem Stier zwei Bund Heu geben, so gab er ihm nur eines; sollte er ein Maß Wein bringen, so brachte er ein halbes und dergleichen mehr in vielen Dingen, bis sie merkte, dass er es ihr zum Verdruss tat. Sie sagte ihm aber nichts, sondern beklagte sich über ihn beim Pfarrer. Da sprach der zu Eulenspiegel: „Lieber Knecht, meine Magd klagt über dich, und ich bat dich doch, dass du alles so tun solltest, wie sie es gern sieht." Eulenspiegel antwortete: „Ja, Herr, ich habe auch nicht anders getan, als was Sie mir befohlen haben. Sie sagten mir, ich könne Ihren Dienst mit halber Arbeit tun. Ihre Magd sähe gern mit beiden Augen und sieht doch nur mit einem Auge, also nur die Hälfte. So scheint es ihr, ich tue nur die Hälfte." Da lachte der Pfarrer, aber die Haushälterin wurde zornig. Sie sprach: „Herr, wenn Sie den unnützen Schalk noch länger behalten wollen, so verlasse ich Sie.“ So musste der Pfarrer gegen seinen Willen Eulenspiegel entlassen.

Doch da der Küster der Dorfgemeinde vor kurzem gestorben war, half der Pfarrer den Bauern bei den Verhandlungen wegen eines neuen. Er gab ihnen den Rat, Eulenspiegel einzustellen, da sie einen Küster nicht entbehren konnten.

12. Eulenspiegel provozierte den überheblichen Pfarrer, der ihn angefurzt hatte und der vor nichts zurückscheute, als es um Gewinn ging. Mit Till wettete er um ein Fass Bier, das jener mit leichter Hand gewann.

Als Eulenspiegel im Dorf Büddenstedt Küster geworden war, konnte er laut singen, wie es zu diesem Amt gehört. Nachdem nun der Pfarrer mit Eulenspiegel einen Kirchendiener hatte, stand er einmal vor dem Altar und legte die liturgische Kleidung an, um die Messe zu feiern. Eulenspiegel stand hinter ihm und ordnete ihm das weiße Messgewand. Da ließ der Pfarrer einen großen Furz, dass es durch die ganze Kirche hallte. Da fragte Eulenspiegel: „Was ist das? Opfern Sie das unserem Herrn statt Weihrauch hier vor dem Altar?" Der Pfarrer antwortete: „ Was soll die Frage? Es ist doch meine Kirche. Ich habe durchaus die Macht, mitten in die Kirche zu scheißen, wenn ich's möchte." Eulenspiegel sagte: „Wetten wir um ein Fass Bier, ob Sie das tun können." - „Ja", erwiderte der, „tun wir das." Sie schlossen die Wette miteinander ab, und der Pfarrer sprach: „Meinst du, ich bin nicht so mutig?" Er drehte sich um, schiss einen großen Haufen in die Kirche und sagte: „Sieh her, Küster, ich habe das Fass Bier gewonnen." Eulenspiegel entgegnete ihm: „Nein, Herr, erst wollen wir messen, ob es in der Mitte der Kirche ist, wie Sie zuvor sagten." Eulenspiegel maß es aus und stellte fest, dass der Pfarrer die Mitte der Kirche bei weitem verfehlt hatte. Also gewann Eulenspiegel das Fass Bier.

Als die Haushälterin davon erfuhr, wurde sie sehr zornig und sprach zum Pfarrer: „Sie lassen den listigen Diener so lange nicht gehen, bis er über Sie große Schande bringt."

13. Eulenspiegel leitete als Küster ein Osterspiel und diente damit der Wahrheit.

Als Ostern nahte, sagte der Pfarrer zu Eulenspiegel, seinem Küster: „Es ist hier Sitte, dass die Bauern in der Osternacht immer ein Osterspiel aufführen, wie unser Herr Jesus Christus aus dem Grabe aufersteht." Es sei üblich, dass die Küster es vorbereiteten und leiteten, und so müsse er dazu beitragen. Nachdem Eulenspiegel nachgedacht hatte, wie das Marienspiel mit den Bauern zu machen wäre, sagte er dem Pfarrer: „Es gibt doch keinen Bauern hier, der schriftkundig ist. Sie müssen mir dazu Ihre Magd leihen; sie kann ja schreiben und lesen." Der Pfarrer antwortete: „Ja, ja, nimm nur dazu, wer dir helfen kann; auch ist meine Magd früher schon mehrmals dabei gewesen." Der Haushälterin war das lieb. Sie wollte der Engel im Grabe sein, weil sie den Vers dazu auswendig konnte. Eulenspiegel wählte zwei Bauern aus, die mit ihm die drei Marien sein wollten. Dem einen Bauern brachte er den lateinischen Vers für seine Rolle bei. Der Pfarrer war unser Herr Jesus Christus, der aus dem Grabe auferstehen sollte.

Als Eulenspiegel mit seinen Bauern vor das Grab kam, alle als Marien kostümiert, sprach die Wirtschafterin als Engel im Grabe den lateinischen Spruch: „Quem quaeritis? Wen sucht ihr hier?" Da antwortete der Bauer, der die vorderste Maria war, wie Eulenspiegel es diesem beigebracht hatte: „Wir suchen eine alte einäugige Pfarrershure." Als sie hörte, dass man sie wegen ihres einen Auges verspottete, wurde sie auf Eulenspiegel böse und sprang aus dem Grab, um ihm mit den Fäusten ins Gesicht zu dreschen. Sie schlug zu aufs Geratewohl und traf einen der Bauern, dass ihm ein Auge anschwoll. Als der andere Bauer das sah, schlug er auch drein und traf die Haushälterin an den Kopf, dass ihr die Engelsflügel abfielen. Sobald der Pfarrer das sah, ließ er die Siegesfahne Jesu Christi fallen und kam seiner Wirtschafterin zu Hilfe. Er fiel dem einen Bauern ins Haar und raufte sich mit ihm vor dem Grab. Als die anderen Bauern das sahen, liefen sie hinzu, und es entstand ein großes Geschrei. Der Pfarrer lag mit der Haushälterin unten; die Bauern, die Marien waren, lagen auch unten, sodass die anderen Bauern die Streitenden auseinanderziehen mussten.

Eulenspiegel aber nutzte die Rauferei, um sich davonzumachen. Er lief zur Kirche hinaus, ging aus dem Dorf und kam nicht wieder. Gott weiß, wo sie einen anderen Küster hernahmen.

14. Eulenspiegel vereitelte den Versuch, seinen Ruf als Schalk zu schädigen, indem er sämtliche Einwohner der Stadt Magdeburg zu Narren machte.

Bald nach dieser Zeit, in der Eulenspiegel Küster gewesen war, kam er nach Magdeburg und spielte dort viele Streiche. Das machte seinen Namen erstmals bekannt, sodass man von Eulenspiegel viel zu erzählen wusste. Da verlangten die bedeutendsten Bürger der Stadt, dass er etwas Wunderartiges vollbringe. Er sagte, er wolle das tun, und zwar von der Laube des Rathauses herabfliegen. Da erhob sich ein großes Geschrei in der Stadt. Jung und Alt versammelten sich auf dem Marktplatz, um es zu sehen. Eulenspiegel stand also auf der Rathauslaube, bewegte die Arme und gebärdete sich, als ob er fliegen wolle. Die Leute standen da mit aufgerissenen Augen und Mündern und glaubten, er würde tatsächlich fliegen. Da lachte Eulenspiegel, und er sprach: „Ich dachte, es gäbe keine Narren mehr in der Welt außer mir. Doch nun sehe ich, dass hier nahezu die ganze Stadt voller Narren ist. Hättet ihr mir gesagt, dass ihr fliegen wolltet, so hätte ich es euch nicht geglaubt. Und ich bin doch weder Gans noch Vogel, also habe ich keine Fittiche, und ohne Flügel oder Federn kann niemand fliegen. Nun seht ihr, dass es erlogen ist."

Damit lief er von der Laube und entzog sich der Volksmenge, von der ein Teil fluchte, der andere lachte, und sie sprachen: „Er ist ein Schalk trotz allem, denn er hat wahr gesprochen."

15. Eulenspiegel befreite als verkleideter Doktor der Medizin einen bischöflichen Doktor der Rechte von der Ansicht, der Umgang mit Trickstern sei der Weisheit abträglich.

In Magdeburg war ein Graf von Querfurt Bischof mit Namen Bruno. Der hörte von Eulenspiegels Streichen und ließ ihn nach Schloss Giebichenstein kommen. Eulenspiegels Schwänke gefielen dem Bischof sehr gut, und er gab ihm Kleider und Geld. Auch die Diener mochten ihn recht gut leiden und trieben viele Späße gemeinsam mit ihm.

Nun hatte der Bischof einen Doktor bei sich, der sich für sehr gelehrt und weise hielt, sodass ihm das bischöfliche Hofgesinde nicht wohlwollend gesinnt war. Dieser Doktor hatte ungern Narren um sich. Daher sprach er zum Bischof und dessen Räten: „Man soll weisen Leuten an den Herrenhöfen Unterkunft gewähren und aus vielerlei Gründen nicht solchen Narren!" Die Ritter und das Hofgesinde erklärten dazu, dass der Doktor mit dieser Meinung gar nicht recht habe. Wer Eulenspiegels Torheit nicht haben möchte, der könne ja von ihm weggehen; niemand sei doch zu ihm gezwungen. Der Doktor widersprach: „Narr zu Narren und Weise zu Weisen! Hätten die Fürsten weise Leute, so wäre die Weisheit ihr Vorbild. Halten sie Narren bei sich, so lernen sie närrisches Handeln." Da sprachen etliche: „Wer sind diese Weisen, die weise zu sein glauben? Man findet sie ja unter denen, die von Narren betrogen wurden. Es gehört sich für Herren und Fürsten, allerlei Volk an ihren Höfen zu halten. Denn mit Toren vertreiben sie mancherlei Fantasterei, und wo Herren sind, wollen die Narren auch gerne sein."

Also kamen die Hofleute zu Eulenspiegel und sprachen sich mit ihm wegen eines Vorhabens ab und baten ihn, dass er sich dazu eine List ausdenke. Damit dem Doktor für seine Geltungssucht eins ausgewischt werde, wollten sie ihm dabei helfen; ebenso der Bischof, als er davon gehört hatte. Eulenspiegel sagte: „Ja, meine adligen Herren, wenn Sie mir dabei helfen wollen, soll dem Doktor ein Denkzettel verpasst werden." Sie wurden sich in der Sache einig.

Eulenspiegel ging fort und zog vier Wochen lang über Land und dachte nach, wie er mit dem Doktor vorgehen wollte. Er fasste einen kühnen

Plan und kam wieder nach Giebichenstein. Er verkleidete sich und gab sich als Arzt aus, denn der bischöfliche Doktor war oft am Unterleib krank und nahm viele Arzneien ein. Da sagten die Ritter dem Doktor, dass ein Doktor der Medizin gekommen sei. Der bischöfliche Doktor ging zu ihm in den Gasthof, erkannte Eulenspiegel nicht, und nach ein paar Worten nahm er ihn mit sich auf die Burg. Sie kamen miteinander ins Gespräch, und der Doktor sagte zum Arzt, wenn er ihn von der Krankheit heilen könne, so wolle er ihn gut entlohnen. Eulenspiegel antwortete ihm mit Worten, wie sie Ärzte in solchen Fällen zu verwenden pflegen. Er gab vor, er müsse eine Nacht bei ihm liegen, damit er umso besser feststellen könne, wie er von Natur veranlagt sei. „Denn ich möchte Ihnen vorm Schlafengehen etwas geben, damit Sie davon schwitzen." Am Schweiß wolle er erkennen, was seine Krankheit sei. Der Doktor überließ ihm das Verordnen, ging mit Eulenspiegel zu Bett und meinte, alles sei wahr, was ihm der Arzt gesagt hatte.

Eulenspiegel gab ihm ein stark wirkendes Abführmittel. Der Doktor meinte, er solle davon schwitzen und wusste nicht, dass es ein Purgativ war. Eulenspiegel nahm ein Steingefäß, schiss einen Haufen hinein und stellte es zwischen die Wand und den Doktor auf die Bettkante. Dieser lag an der Wand und Eulenspiegel vorn im Bett. Der Doktor hatte sich gegen die Wand gekehrt. Da stank ihm der Kot im Gefäß in die Nase, sodass er sich zu Eulenspiegel umdrehen musste. Sobald sich der Doktor aber zu Eulenspiegel gekehrt hatte, ließ dieser einen stillen Furz, der scheußlich stank. Da drehte sich der Doktor wieder um, und der Dreck im Behälter stank ihn von neuem an. So trieb es Eulenspiegel mit ihm fast die halbe Nacht. Dann wirkte das Purgativ und trieb scharf, schnell und stark, dass sich der Doktor ganz verunreinigte und ekelhaft stank. Da sprach Eulenspiegel: „Oje, würdiger Doktor! Ihr Schweiß hat schon lange abscheulich gestunken. Wie fühlen Sie sich, dass Sie solchen Schweiß schwitzen? Es stinkt schrecklich momentan."

Der Doktor lag und dachte: „Das rieche ich auch!" Der Geruch hatte ihn so überwältigt, dass er kaum reden konnte. Eulenspiegel sprach: „Liegen Sie nur still! Ich will gehen und ein Licht holen, damit ich sehen kann, wie es um Sie steht." Als sich Eulenspiegel aufrichtete, ließ er noch einen starken Scheiß schleichen und sprach: „O weh, ich werde auch schwach; das habe ich von Ihrer Krankheit bekommen." Der Doktor lag und war so krank, dass er den Kopf kaum aufrichten konnte. Er dankte Gott, dass der Arzt von ihm ging. Jetzt bekam er ein wenig Luft. Denn wenn er in der Nacht aufstehen wollte, hatte ihn Eulenspiegel festgehalten, sodass er sich nicht aufrichten konnte, und ihm gesagt, er müsse erst mal genügend schwitzen.

Bei Tagesanbruch war Eulenspiegel aufgestanden, hatte das Zimmer verlassen und war davongelaufen. Da sah der Doktor das Steingefäß an der Wand stehen mit dem Kot. Er war so krank, dass seine Sinne vom Gestank benommen waren.

Als die Ritter und Hofleute den Doktor erblickten, wünschten sie ihm einen guten Morgen. Der Doktor redete ganz schwächlich und konnte ihnen kaum antworten. Er legte sich im Saal auf eine gepolsterte Bank. Da holten die Leute den Bischof hinzu und fragten den Doktor, wie es ihm beim Arzt ergangen sei. Der Doktor antwortete: „Ich bin von einem Schalk hereingelegt worden. Ich wähnte, es sei ein Doktor der Medizin, doch es ist ein Doktor der Listigkeit." Und er erzählte ihnen alles, wie es ihm ergangen war.

Da lachten der Bischof und alle Hofleute sehr und sprachen: „Es ist ganz nach Ihren Worten geschehen. Sie sagten, man solle sich nicht mit Narren abgeben, denn der Weise würde töricht bei Toren. Aber Sie sehen, dass einer sehr wohl durch Narren weise gemacht wird. Denn der Arzt ist Eulenspiegel gewesen, den Sie nicht erkannt und dem Sie geglaubt haben. Von dem sind Sie betrogen worden. Aber wir, die wir seine Narrheit annahmen, kannten ihn gut. Wir wollten Sie aber nicht warnen, da Sie so weise sein wollten. Niemand ist so weise, dass er nicht auch Toren kennen sollte. Und wenn es keine Narren gäbe, woran sollte man dann die Weisen erkennen?" Der Doktor schwieg und klagte nie mehr.

16. Eulenspiegel kam in Peine, ohne jeglichen Eigennutz und ohne jemandem einen Schaden zuzufügen, dem Wunsch der Mutter eines kranken Kindes nach, diesem zu helfen, indem er entsprechend dem Grundsatz *similia similibus curantur*[19] stellvertretend vorging.

Auf gut bewährte Arznei verzichtet man bisweilen wegen der kleinen Ausgaben, doch den herumziehenden Händlern muss man oft noch viel mehr geben, wie es einst im Stift Hildesheim geschah.

Dahin kam damals auch Eulenspiegel, und zwar in einen Gasthof, dessen Wirt nicht zu Hause war. Eulenspiegel war dort wohlbekannt. Die Wirtin hatte ein krankes Kind. Eulenspiegel fragte sie, was dem Kind fehle und was für eine Krankheit es habe. Die Wirtin antwortete: „Das Kind hat keinen Stuhlgang. Könnte es nur zu Stuhle kommen, so würde es besser mit ihm." Eulenspiegel sprach: „Dem ist abzuhelfen." Die Frau bat ihn: „Helfen Sie ihm!" Sie wolle ihm geben, was er verlangen werde. Eulenspiegel sagte, dafür wolle er nichts nehmen, es wäre ihm eine leichte Kunst. Und er sprach: „Gedulden Sie sich ein Weilchen, es soll bald geschehen."

Nun hatte die Frau hinten im Hof etwas zu tun und ging dorthin. Unterdessen schiss Eulenspiegel einen großen Haufen neben die Wand und stellte sodann das Stühlchen des Kindes darüber und setzte das Kind darauf. Da kam die Frau wieder aus dem Hof herein und sah es auf dem Stühlchen sitzen, und sie fragte: „Ach, wer hat das getan?" Eulenspiegel antwortete: „Ich hab es getan. Sie hatten gesagt, das Kind könne nicht zu Stuhle kommen, also hab ich das Kind darauf gesetzt." Da bemerkte sie das, was unter dem Stühlchen lag. Sie sprach: „Sehen Sie her, das hat dem Kind im Leib zu schaffen gemacht. Haben Sie immer Dank, dass Sie dem Kind so geholfen haben." Eulenspiegel sagte: „Von der Arznei kann ich mit Gottes Hilfe viel machen." Die Frau bat ihn freundlich, er möge sie die Heilkunst auch lehren, sie wolle ihm geben, was er verlange. Da sprach Eulenspiegel, er sei dabei, weiterzureisen. Wenn er

19 Das ist das Medikationsprinzip der der Allopathie entgegengesetzten Heilverfahrens Homöopathie. – *Übers.*

aber wiederkäme, so wolle er sie es lehren, sattelte sein Pferd und ritt nach Rosenthal.

Und er kehrte wieder um und ritt wieder in Richtung Peine, da er nach Celle wollte. Da standen dürftig gekleidete Wächter von der Burg, und sie fragten Eulenspiegel, welchen Weges er käme. Eulenspiegel antwortete: „Ich komme vom kalten Koldingen." Er sah, dass sie nicht viel anhatten. Sie sprachen: „Hör zu! Wenn du von Koldingen kommst, was richtet uns denn der Winter aus?" Eulenspiegel antwortete: „Der will euch nichts ausrichten, er will euch selber ansprechen." Und er ritt weiter und ließ die kärglich gekleideten Männer stehen.

17. Eulenspiegel wechselte seine Identität, indem er seine Dienste als ein eminenter Arzt mittels Reklameplakaten öffentlich anbot und auf diese Weise einem Hospitalverwalter und auch den Kranken, die er nach dem Prinzip „Teile und herrsche!" behandelte, ein böses Erwachen und sich selbst ein Vermögen bescherte.

Eulenspiegel kam auf eine Zeit nach Nürnberg und schlug an die Kirchentüren und das Rathaus große Bekanntmachungen, auf denen er sich als ein guter Arzt für alle Krankheiten ausgab. Und da war eine große Zahl kranker Menschen in dem neuen Heilig-Geist-Hospital, wo der hoch geachtete, heilige Speer Christi mit anderen bedeutsamen Stücken aufbewahrt wurde. Der Verwalter des Hospitals wäre einen Teil dieser kranken Menschen gern losgeworden und hätte ihnen die Gesundheit durchaus gegönnt. Er ging also zu Eulenspiegel, dem Arzt, und fragte ihn, ob er entsprechend seiner angeschlagenen Bekanntmachungen den Kranken helfen könne. Er solle gut entlohnt werden. Eulenspiegel antwortete, er wolle viele seiner Kranken gesund machen, wenn er zweihundert Gulden zahlen und ihm die zusagen wolle. Der Verwalter sagte ihm das Geld zu, sofern er den Kranken helfen würde. Also verpflichtete sich Eulenspiegel, mache er die Kranken nicht gesund, so brauche man ihm keinen Pfennig zu geben. Das gefiel dem Verwalter so sehr, dass er ihm zwanzig Gulden Vorschuss gab.

Da ging Eulenspiegel ins Hospital, nahm zwei Helfer mit sich und fragte jeden Kranken für sich, was ihm fehle. Und zuletzt, bevor er den Kranken verließ, beschwor er ihn und sprach: „Was ich dir jetzt offenbaren werde, das sollst du für dich behalten und niemandem verraten." Das schworen ihm dann die Siechen mit großer Beteuerung. Darauf sagte er zu jedem einzeln: „Wenn ich euch Kranken zur Gesundheit verhelfen und euch auf die Beine bringen soll, so ist mir das nur möglich, wenn ich einen von euch zu Pulver verbrenne und das den anderen zu trinken gebe. Das muss ich tun! Darum will ich den Kränksten von euch allen, der nicht gehen kann, zu Pulver verbrennen, um den anderen damit zu helfen. Um euch alle zu heilen, werde ich den Verwalter nehmen, mich an die Tür des Hospitals stellen und mit lauter Stimme rufen: ‚Wer da nicht krank ist, der komme heraus!' Das verschlafe nicht, denn der Letzte muss die Zeche bezahlen!" So sprach er zu jedem allein.

Diese Rede beachteten sie sehr, denn am angesagten Tag beeilten sie sich mit ihren kranken und lahmen Beinen, weil keiner der Letzte sein wollte. Als nun Eulenspiegel die angekündigte Aufforderung rief, da begannen sie sofort zu laufen, darunter einige, die in zehn Jahren nicht aus dem Bett gekommen waren. Und als das Hospital ganz leer war, verlangte er vom Verwalter seinen Lohn und sagte, er müsse dringend in eine andere Gegend. Da gab ihm der Verwalter das Geld mit großem Dank, und Eulenspiegel ritt davon.

Aber nach drei Tagen kamen die Kranken alle wieder und klagten über ihre Krankheit. Da fragte der Verwalter: „Wie geht das zu? Ich hatte euch doch den großen Arzt zugeführt! Der hat euch geholfen, sodass ihr alle selber davongegangen seid." Da sagten sie dem Verwalter, mit welchen Worten er ihnen gedroht hatte: Wer als Letzter zur Tür hinauskäme, wenn er zur festgesetzten Zeit riefe, den wolle er zu Pulver verbrennen.

Da merkte der Verwalter, dass Eulenspiegel ihn betrogen hatte. Aber der war weg, und er konnte ihm nichts antun. So blieben die Kranken wieder im Hospital wie zuvor, und das Geld war verloren.

18. Eulenspiegel stellte das Sprichwort „Wer Brot hat, dem gibt man Brot“ auf die Probe und fand dabei heraus, dass das Gegenteil auch wahr ist. Das Vertrauen auf die ausschließliche Gültigkeit von Eindeutigkeit wird aufgehoben und zugleich ein Wirklichkeitsbegriff der Vieldeutigkeit postuliert.

Treue gibt Brot. Nachdem Eulenspiegel den bischöflichen Doktor der Rechtswissenschaften genarrt hatte, kam er nach Halberstadt. Er ging auf dem Markt umher und sah, dass es ein harter, kalter Winter war. Da dachte er: „Der Winter ist hart und der Wind weht scharf dazu. Du hast oft gehört: ‚Wer Brot hat, dem gibt man Brot!‘“ Er kaufte für zwei Schillinge Brot und nahm einen Tisch und ging vor den Dom von Sankt Stephan, wo er sich aufstellte und sein Brot zum Verkauf anbot. Er hielt seinen Schalksladen so lange, bis ein Hund kam, ein Brot vom Tisch nahm und damit den Domhof hinauflief. Während Eulenspiegel dem Hund nachlief, kam eine Sau mit zehn Ferkeln und stieß den Tisch um. Und jedes Tier nahm ein Brot ins Maul und lief damit weg.

Da lachte Eulenspiegel, und er sprach: „Nun ist mir klar, dass die Worte falsch sind, wenn man spricht: ‚Wer Brot hat, dem gibt man Brot.‘ Ich hatte Brot, und es wurde mir genommen.“ Und er sagte noch: „O Halberstadt, Halberstadt, dein Name besteht zu Recht. Dein Bier und Essen schmecken gut, aber deine Geldbeutel sind aus Sauleder gemacht. Sie öffnen sich nicht.“ Und so zog er wieder in Richtung Braunschweig.

19. Eulenspiegel geriet in die Klemme, entschlüpfte ihr aber geistesgegenwärtig mit großem Gewinn, da zufällig am nächsten Tag St. Nikolausabend war.

Als Eulenspiegel wieder nach Braunschweig kam, zu der Herberge für wandernde Bäckergesellen, wohnte da in der Nähe ein Bäcker. Der rief ihn in sein Haus und fragte, was für ein Geselle er sei. Eulenspiegel antwortete: „Ich bin Bäckergeselle." Da sprach der Brotbäcker: „Ich habe eben keinen Gesellen. Willst du bei mir Dienst tun?" Eulenspiegel sagte ja.

Als er nun zwei Tage bei ihm gewesen war, wies ihn der Bäcker an, am Abend allein zu backen, denn er konnte ihm bis zum Morgen nicht helfen. Eulenspiegel fragte: „Ja, was soll ich denn backen?" Der Bäcker war ein schnauziger Mann, er wurde zornig und sagte spöttisch: „Bist du ein Bäckergeselle und fragst erst, was du backen sollst? Was pflegt man zu backen? Eulen und Meerkatzen[20]!" Und er legte sich dann schlafen.

Da ging Eulenspiegel in die Backstube und machte aus dem Teig lauter Eulen und Meerkatzen, die ganze Backstube voll, und backte sie.

Am Morgen stand der Meister auf und wollte ihm helfen. Als er aber in die Backstube kam, fand er weder Wecken noch Semmeln, sondern nichts als Eulen und Meerkatzen. Da wurde der Meister zornig, und er rief: „O Schreck und Graus! Was hast du gebacken?" Eulenspiegel antwortete: „Was Sie mir aufgetragen haben, Eulen und Meerkatzen." Der Bäcker sprach: „Was soll ich mit dem Narrenzeug tun? Solches Brot ist mir zu nichts nütze. Ich kann es nicht verkaufen." Und er ergriff ihn beim Hals und forderte: „Bezahl mir den Teig!" Eulenspiegel sagte: „Ja gut, aber wenn ich Ihnen den Teig bezahle, soll dann die Ware mir gehören, die ich davon gebacken habe?" Der Meister antwortete: „Was frag ich nach solcher Ware. Eulen und Meerkatzen kann ich nicht gebrauchen in meinem Laden."

Also bezahlte Eulenspiegel dem Bäcker seinen Teig, tat die gebackenen Eulen und Meerkatzen in einen Korb und trug sie aus dem Haus in das

---

20 Nach W. Lindow „[a]us den Niederlanden kommende nicht überall gebräuchliche Gebildbrote." Siehe W. Lindow, op. cit. S. 57, Anm. 2.

Gasthaus „Zum Wilden Mann". Und Eulenspiegel dachte bei sich: „Du hast oft gehört, man könne keine noch so seltsamen Dinge nach Braunschweig bringen, ohne dass man daraus einen Gewinn erzielt." Und da am nächsten Tag St. Nikolausabend war, ging Eulenspiegel vor die Kirche, stellte seine Ware aus und verkaufte alle Eulen und Meerkatzen. Dabei nahm er viel mehr Geld ein, als er dem Bäcker für den Teig gegeben hatte.

Das wurde dem Bäcker mitgeteilt, den es verärgerte. Er lief vor die St. Nikolauskirche und wollte von Eulenspiegel Vergütung fordern für das Holz und die Kosten, die Dinge zu backen. Aber der war mit dem Geld längst weg und der Bäcker hatte das Nachsehen.

20. Eulenspiegel verhalf als Bäckergeselle geschickt blödelnd seinem starrköpfigen und knausrigen Meister, ganz aus dem Häuschen zu geraten.

Eulenspiegel wanderte im Land umher und kam in die Stadt Uelzen, wo er sich wiederum als Bäckergeselle ausgab. Als er nun bei einem Meister war, da richtete dieser alles zum Backen her. Eulenspiegel sollte das Mehl mit Hilfe eines Leinenbeutels in der Nacht durchsieben, sodass es früh am Morgen fertig wäre. Eulenspiegel sagte: „Meister, geben Sie mir ein Licht, damit ich beim Sieben was sehe." Der Bäcker aber sprach zu ihm: „Ich gebe dir kein Licht. Ich habe meinen Gesellen zu dieser Zeit nie ein Licht gegeben. Sie mussten im Mondschein sieben. Du musst es auch so tun." Eulenspiegel sprach: „Wenn sie so gesiebt haben, dann will ich es auch so machen." Der Meister ging zu Bett und wollte ein paar Stunden schlafen.

Währenddessen nahm Eulenspiegel den Beutel, hielt ihn zum Fenster hinaus und siebte das Mehl in den Hof, wohin der Mond schien, also dem Schein entgegen. Als nun der Bäcker aufstand und backen wollte, stand Eulenspiegel und siebte noch immer. Da sah der Bäcker, dass Eulenspiegel das Mehl in den Hof siebte, der vom Mehl ganz weiß war. Da rief der Meister: „Was, zum Teufel, machst du hier? Hat das Mehl nicht mehr gekostet, dass du es in den Dreck siebst?" Eulenspiegel antwortete: „Haben Sie mir nicht befohlen, ohne Licht in dem Mondschein zu sieben? So habe ich es getan." Der Brotbäcker entgegnete: „Ich hieß dich, bei dem Mondschein zu sieben." Eulenspiegel sagte: „Keine Sorge, Meister, seien Sie nur zufrieden! Es ist beides geschehen, in und bei dem Mondschein, und dabei ist nicht viel verloren gegangen, außer einer Handvoll. Ich will es rasch wieder aufsammeln, das schadet dem Mehl nicht ein bisschen!" Der Brotbäcker sprach: „Während du das Mehl aufsammelst, kann man keinen Teig machen. So wird es zu spät zum Backen." Eulenspiegel schlug vor: „Meister, ich weiß einen guten Rat. Wir werden genauso bald backen wie der Nachbar. Sein Teig liegt in der Backmulde. Wollen Sie den haben, so will ich ihn gleich holen und unser Mehl an dieselbe Stelle tragen."

Der Meister wurde zornig und rief: „Du willst wohl den Teufel holen! Scher dich zum Galgen und hol den Dieb herein!“[21] Eulenspiegel sagte ja und ging zum Galgen. Dort lag von einem Dieb die Leiche, die heruntergefallen war. Er nahm sie auf die Schulter und trug sie in das Haus seines Meisters und erkundigte sich: „Wozu wollen Sie das haben? Ich wüsste nicht, wozu es gut wäre.“ Der Bäcker fragte: „Bringst du sonst noch was?“ Eulenspiegel antwortete: „Es war nichts mehr da.“ Der Bäcker wurde wütend, und er schrie: „Du hast den Gerichtshof meiner Ratsherren bestohlen und ihnen ihren Galgen beraubt. Das werde ich vor den Bürgermeister bringen, das sollst du sehen!“ Und der Bäcker ging aus dem Haus auf den Markt, und Eulenspiegel ging ihm nach. Der Bäcker hatte es so eilig, dass er sich nicht umsah und auch nicht wusste, dass ihm Eulenspiegel nachging. Der Bürgermeister stand auf dem Markt. Der Bäcker ging zu ihm hin und fing an, Eulenspiegel anzuklagen. Dieser war behände: Sobald sein Meister mit der Beschuldigung begann, stand Eulenspiegel dicht neben ihm und riss seine beiden Augen weit auf. Als der Bäcker Eulenspiegel erblickte, wurde er so wütend, dass er vergaß, was er vorbringen wollte. Erbost sprach er zu Eulenspiegel: „Was willst du hier?“ Eulenspiegel antwortete: „Ich will nichts anderes, als was Sie mir sagten: Ich sollte sehen, wie Sie mich beim Bürgermeister verklagen würden. Soll ich das sehen, so muss ich die Augen nahe heranbringen, um es sehen zu können.“ Der Bäcker sprach zu ihm: „Geh mir aus den Augen! Du bist ein Schalk.“ Eulenspiegel sagte: „So wurde ich schon oft genannt. Und säße ich Ihnen in den Augen, so müsste ich Ihnen aus den Nasenlöchern kriechen, wenn Sie die Augen zumachten.“

Der Bürgermeister hörte wohl, dass es ein blödes Gerede war, ging von ihnen weg und ließ die beiden stehen. Als Eulenspiegel das sah, lief er zurück und fragte: „Meister, wann wollen wir wieder backen? Die Sonne scheint nicht mehr.“ Und er lief fort und ließ den Bäcker stehen.

---

21 Redensart etwa i. S. v.: „Scher dich zum Teufel!“

21. Warum Eulenspiegel immer ein falbes Pferd ritt, Kinder und spendierfreudige alte Wirte mied, sich vor guter Speise, sogenanntem großen Glück und starkem Getränk schützte.

Eulenspiegel war immer gern in Gesellschaft, floh aber drei Dinge, solange er lebte. Erstens ritt er kein graues Pferd, sondern, um aufzufallen, immer ein falbes. Zweitens wollte er nirgends bleiben, wo Kinder waren, weil man aus Notwendigkeit mehr auf die Kinder achtete als auf ihn. Drittens kehrte er nicht gern bei einem spendierfreudigen alten Wirt ein, denn ein solcher Wirt achtete nicht auf sein Gut und war gewöhnlich ein Säufer. Dort war auch nicht die Gesellschaft, von der Geld zu gewinnen war usw. Auch bekreuzigte er sich jeden Morgen, um vor gesunder Speise, vor großem Glück und vor starkem Getränk behütet zu werden. Denn gesunde Speise, das sei ja Grünzeug, wie gesund es auch sein möge. Ebenso bekreuzigte er sich vor Zubereitetem aus der Apotheke; obwohl es gesund sei, so sei es doch ein Zeichen der Krankheit. Das sei das größte Glück: Wenn irgendwo ein Stein vom Dach oder ein Balken vom Haus fiele, so würde man sagen: „Hätte ich da gestanden, so hätte mich der Stein oder der Balken erschlagen. Das war mein großes Glück." Solches Glück wollte er gern entbehren. Das starke Getränk sei das Wasser, denn es treibe große Mühlräder mit seiner Kraft; auch trinke sich so mancher gute Mann daran zu Tode.

22. Till wurde im Militärdienst bei der Verpflegung übersehen, was er geschickt ausnützte, um sich seine Kriegsdienstentlassung zu erwirken.

Nicht lange danach kam Eulenspiegel zum Grafen von Anhalt, bei dem er als Turmbläser eingestellt wurde. Der Graf hatte viele Feindschaften, weshalb er in dem Städtchen und Schloss zu dieser Zeit viele Ritter und Krieger hielt, die man alle Tage speisen musste. Dabei wurde Eulenspiegel vergessen, sodass ihm keine Speise gesandt wurde. Und am selben Tag geschah es, dass Feinde des Grafen vor das Städtchen und Schloss ritten, die Kühe nahmen und sie alle wegtrieben. Eulenspiegel war auf dem Turm, sah durch das Fenster, machte aber keinen Lärm, weder mit Blasen noch mit Schreien. Der Graf hörte die Unruhe da draußen und rüstete sich mit seinen Kriegern, um den Feinden nachzueilen. Etliche Männer des Grafen sahen Eulenspiegel im Turmfenster liegen und lachen. Da rief ihm der Graf zu: „Du liegst im Fenster und bist still?" Eulenspiegel rief herab: „Vor dem Essen ruf ich nicht gern." Der Graf rief ihm zu: „Willst du nicht die Feinde anblasen?" Eulenspiegel rief zurück: „Ich darf keine Feinde heranblasen, das Feld wird sonst voll von ihnen. Ein Teil ist mit den Kühen schon weg. Blies ich noch mehr Feinde heran, schlügen sie uns tot. Es ist gut, dass ich still bin." Der Graf eilte den Feinden nach und sie bekriegten sich.

Danach war Eulenspiegel wieder vergessen, was das Essen betraf. Eine Weile war der Graf zufrieden. Von seinen Feinden hatte er auch eine Menge Rindvieh erbeutet. Davon schlachtete er welche, zerlegte und briet sie. Eulenspiegel dachte auf dem Turm nach, wie er sich von dem Braten auch was holen könnte. Er passte die Essenszeit ab und fing dann an zu rufen und blasen: „Feindio! Feindio!" Der Graf lief eilends mit seinen Kriegern von dem Tisch weg, auf dem die Kost stand, legten Harnisch an und nahmen Waffen in die Hände und eilten geradewegs dem Tor zu und hinaus in das Feld, wo sie nach dem Feind Ausschau hielten. Währenddessen lief Eulenspiegel behände und schnell von dem Turm und kam zu Tisch des Grafen, nahm sich nach Belieben von den Tischen Gekochtes und Gebratenes und ging schleunigst wieder auf den Turm.

Als die Ritter und Krieger hinauskamen, sahen sie keine Feinde und sprachen: „Der Turmbläser hat das aus List getan", und zogen wieder heim, dem Tor zu.

Der Graf rief zu Eulenspiegel hinauf: „Bist du unsinnig oder verrückt geworden?" Eulenspiegel sprach: „Ich bin ohne jegliche Arglist." Der Graf fragte: „Warum hast du ‚Feindio' geblasen, obwohl keiner da war?" Eulenspiegel antwortete: „Da keine Feinde da waren, musste ich etliche durch Blasen anlocken." Da sprach der Graf: „Du handelst wie ein Schalk. Wenn Feinde da sind, willst du sie nicht anblasen, und wenn keine Feinde da sind, bläst du sie heran. Sollte das vielleicht Verrat werden?" Und er setzte ihn ab und stellte an seiner statt einen anderen Turmbläser ein.

Eulenspiegel musste als Fußsoldat mit der Truppe herauslaufen. Das verdross ihn sehr, und er wäre gerne weggegangen, was aber glimpflich nicht möglich war. Wenn sie gegen die Feinde auszogen, so bleib er stets zurück und war immer der Letzte zum Tor hinaus. Und wenn sie die Gefechte beendet hatten und wieder heimkehrten, so war er stets der Erste zum Tor hinein. Da fragte ihn der Graf, wie er sein Tun verstehen solle. Wenn er mit ihm gegen den Feind auszöge, sei er immer der Letzte, und wenn man heimzöge, sei er der Erste. Eulenspiegel antwortete: „Das soll Sie nicht zornig machen, denn wenn Sie und Ihr Hofgesinde aßen, so saß ich auf dem Turm und hungerte. Davon bin ich kraftlos geworden. Soll ich nun der Erste an den Feinden sein, so müsste ich die verlorene Zeit wieder einbringen und eilen, dass ich der Erste am Tisch und der Letzte beim Aufstehen sei, damit ich wieder stark werde. Dann will ich gewiss der Erste und der Letzte an den Feinden sein." – „So höre ich", sprach der Graf, „dass du das so lange treiben willst, wie du auf dem Turm saßt." Da sagte Eulenspiegel: „Worauf jedermann ein Recht hat, das nimmt man ihm gern." Der Graf sprach: „Du sollst nicht länger in meinen Diensten sein", und entließ ihn. Eulenspiegel war froh darüber, denn er hatte keine Lust, jeden Tag mit den Feinden zu kämpfen.

23. Eulenspiegel erfüllte den Wunsch eines Königs nach etwas Abenteuerlichem zu seinem eigenen Vorteil, was dem König, von diesem nicht erwartet, überaus teuer zu stehen kam. Einsichtig geworden, lachte er, zahlte und wahrte das Gesicht, indem er Eulenspiegel als den kooperativsten seiner Höflinge lobte.

Eulenspiegels Ruf als erfolgreicher Schalk wurde manchen Fürsten und Herren bekannt, sodass man vieles von ihm zu erzählen wusste. Ihnen gefiel das Treiben Eulenspiegels sehr, und sie gaben ihm Kleider, Pferd, Geld und Kost. So kam er auch zum König von Dänemark. Der hatte ihn sehr gern und bat ihn, etwas Abenteuerliches zu tun, er wolle ihm auch sein Pferd mit dem allerbesten Hufbeschlag ausstatten lassen. Eulenspiegel fragte den König, ob er seinen Worten glauben könne. Der König antwortete: „Ja, das kannst du, wenn du meinen Worten nachkommst."

Da ritt Eulenspiegel mit seinem Pferd zum Goldschmied und ließ es mit goldenen Hufeisen und silbernen Nägeln beschlagen. Dann ging er zum König und bat, dass er ihm den Hufbeschlag bezahlte. Der König sagte ja und beauftragte den Schreiber, den Hufbeschlag zu bezahlen. Nun meinte der Schreiber, es sei ein gewöhnlicher Hufschmied zu bezahlen. Aber Eulenspiegel brachte ihn zu dem Goldschmied, und dieser wollte hundert dänische Mark haben. Der Schreiber wollte das nicht bezahlen, ging zum König und meldete ihm das.

Der König ließ Eulenspiegel holen und sprach zu ihm: „Eulenspiegel, wie kommst du dazu, einen so teuren Hufbeschlag machen zu lassen? Wenn ich alle meine Pferde so beschlagen ließe, müsste ich bald Land und Leute verkaufen. Das war nicht mein Sinn, dass man das Pferd mit Gold beschlagen ließe." Eulenspiegel antwortete: „Gnädiger Herr, Sie sagten, es sollte der beste Hufbeschlag sein, und ich sollte Ihren Worten Genüge tun." Da sprach der König: „Du bist mir mein liebster Höfling. Du tust, was ich dir anordne", lachte dabei und bezahlte die hundert Mark für den Hufbeschlag.

Da ließ Eulenspiegel die goldenen Hufeisen abreißen, zog vor eine Schmiede und ließ sein Pferd mit Eisen beschlagen. Bei dem König blieb er bis zu dessen Tod.

24. Eulenspiegel fasste im Wettstreit mit einem Hofnarren den Mut, seinen eigenen Kot zu essen und überwand so seinen mächtigen Widersacher.

Bei dem hochgeborenen Fürsten Kasimir, König von Polen, war ein Schalk, der voller seltsamer Schwänke und närrischer Kunststücke war und gut auf der Fidel spielte. Eulenspiegel kam auch nach Polen zu dem König, der von ihm schon viel gehört hatte. Er war ihm ein lieber Gast, denn der König hätte ihn und seine Narrenkunst schon lange gern gesehen und gehört. Aber auch seinen Spielmann hatte er sehr gern. So kamen Eulenspiegel und der Hofnarr zusammen. Da war es so, wie man sagt: „Zwei Narren in einem Haus tun selten gut."

Der Schalk des Königs konnte Eulenspiegel weder leiden noch wollte er sich vertreiben lassen. Das merkte der König, und er ließ beide in seinen Saal rufen. „Hört zu!", sprach er, „wer von euch beiden die außergewöhnlichste Narretei vollbringt, die ihm der andere nicht nachmacht, den will ich neu kleiden und ihm zwanzig Gulden dazugeben. Und das soll jetzt vor mir geschehen."

Also machten sich die beiden für ihre Vorstellung bereit und trieben dann viel Närrisches mit krummen Mündern und seltsamen Reden und was einer sich ausdenken konnte, um den andern zu übertreffen. Aber alles, was der Hofnarr tat, machte ihm Eulenspiegel nach, und was immer Eulenspiegel tat, konnte ihm der Narr auch nachmachen. Der König und alle seine Ritter lachten, und sie sahen mancherlei Außergewöhnliches.

Da dachte Eulenspiegel: „Zwanzig Gulden und neue Kleidung, das möchte ich schon haben. Ich will darum etwas machen, was ich ungern tue." Auch sah er wohl, welchen Sinnes der König war: Wer von ihnen den Preis auch gewänne, er würde ihn demjenigen gleichermaßen gönnen. Daher ging Eulenspiegel in die Mitte des Saales, zog die Hose herunter und schiss mitten in den Saal einen Haufen. Dann nahm er einen Löffel und teilte den Dreck in zwei gleiche Hälften und rief dem anderen zu: „Schalk, komm her und tu mir das Narrenstück nach, das ich dir vormachen will!" Und er nahm den Löffel, fasste damit eine Hälfte und aß sie auf. Dann bot er den Löffel dem Hofnarren, und er sprach: „Sieh her, iss du die andere Hälfte! Danach mache auch einen Haufen, teile ihn auseinander, und ich will dir nachessen." Da rief der Hofnarr: „Nein, so nicht! Das tue dir der Teufel nach! Und sollte ich mein Leben lang nackt gehen, ich esse so von dir oder mir nicht."

So gewann Eulenspiegel die Meisterschaft in der Listigkeit. Der König gab ihm die neue Kleidung und die zwanzig Gulden. Danach ritt Eulenspiegel weg und trug den königlichen Preis davon.

25. Eulenspiegel verletzte eine Landesverweisung, worauf die Todesstrafe stand. Ihm wurde aber kraft seines genialen Einfalls der Strafvollzug vom Landesherrn selbst erlassen und dazu noch sein listiges Wesen anerkannt und bekräftigt.

In Celle im Lande Lüneburg hatte Eulenspiegel eine gewagte, schlimme Tat verübt. Da ihm der Herzog von Lüneburg deshalb das Land verboten hatte, sollte man ihn festnehmen und dann hängen, wenn er darin gefunden würde. So ganz mied Eulenspiegel das Land darum nicht. Wenn ihn sein Weg da hindurchführte, so ritt oder ging er trotzdem durch das Land.

Einmal wollte er wieder durch das Land Lüneburg reiten, da geschah es, dass ihm der Herzog begegnete. Als Eulenspiegel sah, dass es der Herzog war, dachte er: „Ist es der Herzog und flüchtest du vor ihm, so überholen sie dich mit ihren Gäulen und stechen dich vom Pferd. Dann kommt der Herzog voller Zorn und hängt mich an einen Baum." Deshalb fasste er einen schnellen Entschluss, stieg von seinem Pferd ab, schnitt ihm rasch den Bauch auf, schüttelte die Eingeweide heraus und stellte sich in den Rumpf.

Als der Herzog mit seinen Reitern an die Stelle geritten kam, an der Eulenspiegel im Bauch seines Pferdes stand, sprachen die berittenen Kämpfer: „Herr, hier steht Eulenspiegel in einer Pferdehaut." Da ritt der Fürst zu ihm und sprach: „Bist du da? Was tust du in dem Aas hier? Weißt du nicht, dass ich dir mein Land verboten habe? Und wenn ich dich darin fände, so wollte ich dich an einen Baum hängen lassen?" Da antwortete Eulenspiegel: „O gnädigster Herr und Fürst! Ich hoffe, Sie wollen mir mein Leben schenken. Ich habe doch nichts so Schlimmes getan, was des Hängens wert wäre." Der Herzog erwiderte ihm: „Komm her zu mir und nenne mir doch deine Unschuld! Und was bedeutet es, dass du so in der Pferdehaut stehst?" Eulenspiegel kam hervor und antwortete: „Gnädiger und hochgeborener Fürst! Ich mache mir Sorgen wegen Ihrer Ungnade und fürchte mich sehr. Mein ganzes Leben lang habe ich doch gehört, dass ein jeder Frieden haben soll in seinen vier Pfählen."

Da lachte der Herzog und fragte: „Wirst du mein Land fortan nicht mehr betreten?" Eulenspiegel antwortete: „Gnädiger Herr und Fürstliche Gnaden! Es sei nach Ihrem Willen." Der Herzog sagte: „Bleib, wie du bist!", und ritt davon.

Eulenspiegel sprang schnell aus dem toten Pferd und sprach zu ihm: „Hab Dank, mein liebes Pferd! Du hast mir geholfen und mir mein Leben gerettet. Und noch dazu hast du mir wieder einen Herrn gnädig gestimmt. Lieg nur hier! Es ist besser, die Raben fressen dich, als dass sie mich gefressen hätten." Und er lief zu Fuß davon.

26. Eulenspiegel, dem der Herzog das Land Lüneburg bei Todesstrafe verboten hatte, handelte dieser Verordnung abermals zuwider. Er setzte jedoch die Gerichtsbarkeit der Strafandrohung außer Kraft, indem er zuvor ein selbstständiges, mobiles Kleinreich rechtmäßig gegründet hatte, sodass der Herzog ihn laufen ließ.

Bald danach kam Eulenspiegel wieder, ging bei Celle in ein Dorf und wartete darauf, dass der Herzog nach Celle ritte. Ein Bauer war da gerade beim Pflügen. Eulenspiegel, der sich ein anderes Pferd und einen kippbaren Karren beschafft hatte, fuhr zu dem Bauern und fragte ihn, wem der Acker gehöre, den er pflüge. Der Bauer antwortete: „Er ist mein Besitz, ich hab ihn geerbt." Da erkundigte sich Eulenspiegel, was er ihm für den Kippkarren voll Ackererde bezahlen müsste. Der Bauer sagte: „Ich nehme einen Schilling dafür." Eulenspiegel gab ihm ein Schillingstück und füllte den Karren voll Ackererde, kroch hinein und fuhr vor die Burg von Celle an der Aller.

Als nun der Herzog geritten kam, da bemerkte er Eulenspiegel, der im Karren saß, die Erde bis an die Schultern. Da sprach der Herzog: „Eulenspiegel, ich hatte dir mein Land verboten, und wenn ich dich darin fände, wollte ich dich hängen lassen." Eulenspiegel erwiderte: „Gnädiger Herr, ich bin nicht in Ihrem Land, ich sitze in meinem Land, das ich für ein Schillingstück gekauft habe. Ich kaufte es von einem Bauern, der mir sagte, es sei sein Erbteil." Der Herzog sprach: „Fahr hin mit deinem Land aus meinem Land und komme nicht wieder, andernfalls werde ich dich mit Pferd und Karren hängen lassen."

Da stieg Eulenspiegel schnell aus dem Karren, sprang auf das Pferd und ritt aus dem Land. Den Karren ließ er vor der Burg stehen. Deswegen liegt noch heute Eulenspiegels Land vor der Brücke.

27. Eulenspiegel gab sich beim vermögens- und machthungrigen Landgrafen von Hessen als Kunstmaler aus und verschaffte sich zweihundert Gulden, indem er bei ihm über den Minderwertigkeitskomplex, hier als Bastard-Befürchtung, einen Realitätsverlust auslöste.

Abenteuerliche Dinge trieb Eulenspiegel im Lande Hessen. Da er das Land Sachsen kreuz und quer durchzogen hatte und dort allzu gut bekannt war, konnte er sich mit seinen Streichen nicht mehr ernähren. Daher ging er in das Land Hessen und kam nach Marburg an den Hof des Landgrafen. Und der Herr fragte ihn, was er könne. Er antwortete: „Gnädiger Herr, ich bin ein Freischaffender." Da der Landgraf große Arbeit mit der Alchemie[22] betrieb, freute er sich darüber, weil er meinte, Eulenspiegel sei ein Forschender und kenne sich mit der Alchemie aus. Also fragte er ihn, ob er Alchemist sei. Eulenspiegel antwortete: „Nein, gnädiger Herr. Ich bin ein Kunstmaler, wie man einen zweiten in vielen Ländern nicht finden wird, denn meine Arbeit übertrifft die Werke anderer bei Weitem." Der Landgraf sprach: „Lass uns etwas davon sehen!" Eulenspiegel sagte: „Ja, gnädiger Herr." Und er zog etliche Bilder auf Leinwand - Kunstwerke, die er in Flandern gekauft hatte - aus seiner

---

22 Der spätmittelalterlichen Alchemie ging es eigentlich nicht darum, das Metall Gold herzustellen, sondern sie war bestrebt, das *aurum non vulgum*, den Menschen als Gottmenschen zu realisieren. (Siehe auch Joh. 10, 34). Ihr Projekt scheiterte daran, dass ihr Denken der logischen Form nach dem Stofflichen verhaftet blieb und sie sich in ihrer Logik nicht zur absoluten Geistigkeit, Negativität befreien konnte. (Siehe Wolfgang Giegerich, „Psychology – the study of the soul's logical life", in: *Who Owns Jung?*, edited by Ann Casement, London (Karnac Books) 2007, S. 247-263.)
Diese ihre Problematik ist symptomatisch und kennzeichnend für die geistige Verfasstheit des Spätmittelalters. Kein Wunder, dass in jener Zeit Till Eulenspiegel als Personifikation des Tricksters-Mercurius der Ordnung Schnippchen schlug. An der Dualität von Substanz und Subjekt ging die Alchemie zu Grunde, indem sie sich in die moderne Chemie und Psychologie spaltete. Allerdings ist jene Dualität in G. F. W. Hegels dialektischer Logik zur Einheit fortbestimmt worden, wodurch das Ziel der historisch überholten Alchemie erreichbar geworden ist. - *Übers.*

Reisetasche und zeigte sie dem Grafen. Die gefielen dem Herrn so gut, dass er ihn fragte: „Lieber Meister, wie viel würdest du verlangen, unseren Saal auf das Prunkvollste auszumalen mit Bildern von den Vorfahren der Landgrafen von Hessen, ihrer Freundschaft mit dem König von Ungarn und der anderer Fürsten und Herren, und wie lange das bestanden hat?" Eulenspiegel antwortete: „Gnädiger Herr, wenn Sie mir den Auftrag dafür erteilten, würde das wohl vierhundert Gulden kosten." Der Landgraf sprach: „Meister, mach es uns nur gut, wir werden dich dafür reichlich entlohnen."

Eulenspiegel nahm das also an, doch musste ihm der Landgraf hundert Gulden Vorschuss geben, damit er Farben kaufen und Gesellen einstellen konnte. Als aber Eulenspiegel mit drei Gesellen die Arbeit anfangen wollte, bat er sich beim Landgrafen die Bedingung aus, dass solange die Arbeit im Gange sei, außer seinen Gesellen niemand den Saal betreten dürfe, damit er bei seiner künstlerischen Arbeit nicht gestört würde. Der Landgraf gewährte ihm das.

Nun wurde Eulenspiegel mit seinen Gesellen einig und vereinbarte mit ihnen, dass sie schwiegen und ihn alles machen ließen. Sie bräuchten nicht zu arbeiten und würden dennoch ihren Lohn erhalten. Ihre größte Arbeit sollte im Brett- und Schachspiel bestehen. Das nahmen die Gesellen an, konnten sie doch mit Müßiggehen ihren Lohn verdienen.

Das währte ungefähr vier Wochen, bis der Landgraf wissen wollte, was der Meister mit seinen Gesellen malte und ob es wirklich so gut wie die Proben ausfiele. Und so sprach er Eulenspiegel an: „Ach, lieber Meister, uns verlangt es sehr, deine Arbeit zu sehen. Wir begehren, mit dir in den Saal zu gehen und dein Gemälde zu betrachten. Eulenspiegel sagte: „Ja, gnädiger Herr. Ich muss aber Euer Gnaden eins geradewegs sagen: Wer mit Ihnen geht, das Gemälde anzuschauen, jedoch nicht ehelich geboren ist, der kann mein Gemälde nicht sehen." Der Landgraf sprach: „Meister, das wäre ja was Großartiges!"

Währenddessen gingen sie in den Saal. Eulenspiegel hatte ein langes leinenes Tuch an die Wand gespannt, die er bemalen sollte. Er zog das Tuch ein wenig zurück, zeigte mit einem weißen Stab an die Wand und sprach: „Sehen Sie, gnädiger Herr, dieser Mann, ein Columneser aus Rom, ist der erste Landgraf von Hessen gewesen. Er hatte zur Fürstin und Gattin die Herzogin von Bayern, eine Tochter des freigebigen Justinian, der später Kaiser wurde. Sehen Sie, gnädiger Herr, von dem da stammt Adolfus, Adolfus zeugte Wilhelm den Schwarzen, Wilhelm zeugte Ludwig den Frommen und weiter bis auf Eure Fürstliche Gnaden. Ich weiß genau, dass niemand meine Arbeit tadeln kann, so kunstvoll und auch von so schönen Farben ist sie." Der Landgraf sah nichts anderes als die weiße Wand und dachte bei sich: „Sollte ich etwa ein Hurenkind sein? Ich sehe doch nichts anderes als eine weiße Wand." Jedoch aus Anstand sagte er: „Lieber Meister, uns genügt es vollkommen, doch haben wir nicht genug Verständnis, uns darin auszukennen." Und er ging damit aus dem Saal.

Als der Landgraf zu der Fürstin kam, fragte sie ihn: „Ach, gnädiger Herr. Was malt Ihr freischaffender Kunstmaler? Sie haben es gesehen. Wie gefällt Ihnen seine Arbeit? Ich habe geringe Erwartungen in dieser Hinsicht, er sieht aus wie ein Schalk." Der Fürst antwortete: „Liebe Frau, mir gefällt seine Arbeit sehr gut und wird es Ihnen wohl auch." - „Gnädiger Herr", sprach sie, „dürfen wir das Gemälde nicht auch ansehen?" - „Ja, mit Einwilligung des Meisters."

Sie ließ Eulenspiegel kommen und begehrte ebenfalls, das Gemälde zu sehen. Eulenspiegel sagte ihr dasselbe wie dem Fürsten, wer nicht ehelich geboren sei, der könne seine Arbeit nicht sehen. Da ging sie mit acht Edelfräulein und einer Närrin in den Saal. Eulenspiegel zog wieder das Tuch zurück wie zuvor und erzählte auch der Gräfin die Herkunft der Landgrafen, ein Stück nach dem anderen. Aber die Fürstin und Edelfräulein schwiegen alle, niemand lobte oder tadelte das Gemälde. Jede war bedrückt darüber, dass ihr vom Vater oder von der Mutter her Unrecht widerfahren war. Doch schließlich begann die Närrin zu sprechen: „Liebster Meister, ich sehe nichts von einem Gemälde und sag's, selbst wenn ich zeitlebens als Hurenkind gelten sollte." Da dachte Eulenspiegel bei sich: „Das kann nicht gut gehen. Sagen die Narren die Wahrheit, so muss ich wahrhaftig weiterwandern." Und er zog ihre Worte ins Lächerliche.

Unterdessen entfernte sich die Fürstin und ging wieder zu ihrem Herrn. Er fragte sie, wie ihr das Gemälde gefallen habe. Sie antwortete ihm: „Gnädiger Herr, es gefällt mir ebenso gut wie Eure Gnaden. Aber unserer Närrin gefällt es nicht. Sie sagt, sie sähe kein Gemälde. Auch unsere Edelfräulein sagen dasselbe, und ich befürchte, es ist Spitzbüberei an der Sache." Das ging dem Fürsten zu Herzen, und er dachte darüber nach, ob er schon betrogen sei. Doch er ließ Eulenspiegel sagen, dass er seine Sache vollende. Der ganze Hofadel sollte seine Arbeit ansehen, denn der Fürst meinte, er würde sehen, wer von seinen Rittern ehelich oder unehelich sei. Die Lehen der letzteren würden ihm zufallen. Die Lehen der letzteren würden ihm zufallen. Eulenspiegel aber ging zu seinen Gesellen und entließ sie. Vom Zahlmeister verlangte er noch mal hundert Gulden, empfing sie und ging davon.

Am anderen Tag fragte der Graf nach seinem Kunstmaler; der war aber schon weg. Da ging der Fürst mit seinem gesamten Hofstaat in den Saal, um zu prüfen, ob jemand etwas Gemaltes sehen könne. Aber niemand konnte sagen, dass er etwas sähe. Und da sie alle schwiegen, sprach der Landgraf: „Nun ist uns klar, dass wir betrogen sind. Und obwohl ich mich mit Eulenspiegel nie habe beschäftigen wollen, ist er dennoch zu uns gekommen. Die zweihundert Gulden wollen wir wohl verschmerzen, muss er doch ein Schalk bleiben und unser Fürstentum deswegen meiden."

So kam Eulenspiegel von Marburg weg und wollte sich in Zukunft der Malkunst nicht mehr widmen.

Die 28. Historie[23] schildert, wie Eulenspiegel in der Prüfung durch den Rektor der Prager Universität sich als glänzender Scholastiker erwies und dabei den Rektor gründlich blamierte. Danach verließ er Prag unverzüglich, damit es ihm nicht so erginge, wie einst Sokrates.[24]

Nachdem Eulenspiegel Marburg verlassen hatte, zog er nach Prag in Böhmen. Damals wohnten dort noch gute Christen. Das war bevor Wyclif von England aus die Ketzerei in Böhmen einführte und Johannes Huss sie verbreitete. Eulenspiegel gab sich dort für einen großen Gelehrten im Beantworten schwieriger Fragen aus, die andere Gelehrte nicht auslegen oder beantworten könnten. Das ließ er auf Zettel schreiben und schlug sie an die Kirchentüren und Hörsäle an. Das verdross den Rektor. Das Kollegium, die Doktoren und Gelehrten mitsamt der ganzen Universität waren schlecht dran. Sie gingen miteinander zu Rat darüber, welche Fragen sie Eulenspiegel aufgeben könnten, die er nicht imstande wäre zu lösen. Wenn er sie schlecht bestände, könnten sie mit Berechtigung an ihn herankommen und ihn beschämen.

---

23 Die physikalische Weltmittelpunkts- und Himmelsthematik in dieser Historie spiegelt wohl das große Interesse jener Zeit an diesem Gebiet wider. So erarbeitete N. Kopernikus (1473 -1543), dessen Zeitgenosse H. Bote war, das heliozentrische Weltsystem ab etwa 1507. Die Resultate seiner Arbeiten dazu lagen z. T. 1514 als Manuskript vor; veröffentlicht wurden sie 1543. Sie leiteten die Kopernikanische Wende in der Astronomie ein. Der geistige Durchbruch zur wissenschaftlichen Erkenntnis des heliozentrischen Systems war demnach bereits in H. Botes Zeit erfolgt, während ihre allgemeine Anerkennung nach einem langen harten Kampf erst in das erste Drittel des 18. Jahrhunderts fällt.

24 Obwohl die Umstände für ihn anders waren, fällt einem an dieser Stelle unwillkürlich Sokrates ein, dessen philosophische Gesprächstechnik, die auf seiner Erkenntnis beruht, dass er nichts wisse, häufig ebenfalls aus Sprachlisten besteht. Eulenspiegels Sprachlisten haben den potenziellen Effekt der das Bewusstsein bearbeitenden Negation, deren Telos das der heutigen Menschheit *explizite* Bewusstsein ist. Im Falle Eulenspiegels verläuft dieser Negierungsprozess *implizit*. Eulenspiegel selbst (bzw. der Verfasser des Buches) hat diese Erkenntnis und gibt sie in H 90 auf seine Art zum Besten, denn er selbst ist es, der dort sein Gut als Negativität sieht. - *Übers.*

Das wurde von ihnen beschlossen und bestätigt. Sie wurden sich einig und bestimmten, dass der Rektor die Fragen stellen sollte. Durch ihren Pedell ließen sie Eulenspiegel ausrichten, am nächsten Tag zu erscheinen und die schriftlichen Fragen, die ihm der Rektor dann aufgäbe, vor der ganzen Universität zu beantworten. Damit sein Wissen anerkannt werden könne, müsse er sich prüfen lassen, sonst solle er nicht zugelassen werden. Eulenspiegel antwortete dem Pedell: „Sage deinen Herren, ich will all dem nachkommen und hoffe, abermals als erfolgreicher Mann zu bestehen, wie ich es schon seit langem getan habe."

Am anderen Tag versammelten sich alle Doktoren und Gelehrten im Saal. Währenddessen kam Eulenspiegel und brachte seinen Wirt, einige andere Bürger und gute Männer mit sich, um einen eventuellen Überfall abzuwehren, den die Studenten ausführen könnten. Als er in ihre Versammlung kam, wiesen sie ihn an, auf den Stuhl zu steigen und auf die Fragen zu antworten, die ihm gestellt würden.

Die erste Frage, die der Rektor an ihn richtete, war, er solle sagen und als wahr beweisen, wie viele Fässer Wasser im Meer seien. Wenn er die Frage nicht lösen und beantworten könne, so wollten sie ihn als einen ungelehrten Verächter der Wissenschaft verdammen und bestrafen. Auf diese Frage antwortete Eulenspiegel gewandt: „Würdiger Herr Rektor, befehlen Sie den anderen Gewässern stillzustehen, die an allen Enden in das Meer laufen, dann will ich es für Sie messen, das richtige Ergebnis davon sagen, es beweisen und verständlich machen." Dem Rektor war es unmöglich, die Flüsse anzuhalten, er legte die Frage beiseite und erließ ihm das Messen.

Der Rektor stand blamiert da und stellte seine zweite Frage: „Sag mir, wie viele Tage sind vergangen von Adams Zeiten bis auf diesen Tag?" Eulenspiegel antwortete kurz: „Nur sieben Tage, und wenn die herum sind, so beginnen die nächsten sieben Tage. Das setzt sich so fort bis zum Ende der Welt."

Der Rektor stellte ihm die dritte Frage: „Sag mir schnell, wie oder woran sich der Mittelpunkt der Welt hält?" Eulenspiegel antwortete: „Das ist der Punkt hier, der steht genau in der Mitte der Welt. Und dass es wahr ist, lassen Sie es mit einer Schnur messen. Verfehlt es ihn um einen

Strohhalm, so will ich Unrecht haben." Der Rektor erließ Eulenspiegel lieber die Frage, als dass er nachmessen ließ.

Voller Zorn stellte er Eulenspiegel die vierte Frage: „Sag mir, wie weit ist es von der Erde bis zum Himmel?" Eulenspiegel antwortete: „Es ist gar nicht weit. Wenn man im Himmel redet oder ruft, kann man das hier unten gut hören. Steigen Sie hinauf, so will ich hier unten leise rufen. Das sollten Sie im Himmel hören. Hören Sie es aber nicht, so will ich Unrecht haben."

Der Rektor musste sich mit der Antwort zufriedengeben und stellte die fünfte Frage, wie groß der Himmel sei. Eulenspiegel antwortete ihm sogleich: „Er ist tausend Klafter breit und tausend Ellenbogen hoch. Damit gehe ich nicht fehl. Wollen Sie das nicht glauben, so nehmen Sie Sonne, Mond und alle Sterne vom Himmel und messen es gut nach! Sie werden finden, dass ich recht habe, obwohl Sie das nicht gern angehen werden."

Was sollten sie sagen? Eulenspiegel war in allen Fragen bewandert, sodass sie ihm alle Recht geben mussten. Als er die Gelehrten mit Listigkeit überwunden hatte, wartete er nicht lange, denn er befürchtete, man würde ihm etwas zu trinken geben, wodurch er zu Schaden käme. Deshalb legte er den Talar ab, zog weiter und kam nach Erfurt.

29. Eulenspiegel wusste den blinden Fleck der Wissenschaft zu seinem Vorteil zu nutzen.

Nachdem Eulenspiegel in Prag den Streich gespielt hatte, drängte es ihn, nach Erfurt zu kommen, denn er sorgte sich, dass sie ihm nacheilten.

Als er nach Erfurt kam, wo auch eine recht große und berühmte Universität war, schlug er dort ebenfalls seine Zettel an. Die Lehrenden an der Universität hatten viel von seinem listenreichen Auftritt gehört. Sie beratschlagten, was sie ihm aufgeben könnten, damit es ihnen nicht so erginge und sie sich nicht blamierten, wie es denen in Prag mit ihm ergangen war. Sie fassten den Entschluss, Eulenspiegel einen Esel in die Lehre zu geben, denn es gibt in Erfurt viele Esel, alte und junge. Sie schickten nach Eulenspiegel und sprachen zu ihm: „Doktor, Sie haben wissenschaftliche Bekanntmachungen angeschlagen, dass Sie jede beliebige Kreatur in kurzer Zeit schreiben und lesen lehren könnten. Die Herren von der Universität sind hier, um Ihnen einen jungen Esel in die Lehre zu geben. Trauen Sie sich zu, auch ihn zu unterrichten?" Er bejahte es, müsse aber Zeit dazu haben, weil es eine stumme und dumpfe Kreatur sei. Sie einigten sich auf eine Frist von zwanzig Jahren.

Eulenspiegel überlegte: „Unser sind drei. Stirbt der Rektor, so bin ich frei; sterbe ich, wer will mich mahnen? Stirbt mein Schüler, so bin ich ebenfalls frei." Er nahm den Auftrag um fünfhundert Zwanziger an, und sie gaben ihm einen Teil des Geldes im Voraus.

Eulenspiegel nahm den Esel und zog in das Gasthaus „Zum Turm", wo zu der Zeit ein seltsamer Wirt war. Till mietete einen Einzelstall für seinen Schüler, besorgte sich einen alten Psalter und legte ihm das Buch in die Futterkrippe. Und zwischen jedes Blatt legte er Hafer. Der Esel merkte das und wendete die Blätter wegen des Hafers mit dem Maul um. Und wenn er dann keinen Hafer mehr zwischen den Blättern fand, schrie er: „I - a, i - a!" Als Eulenspiegel das bei dem Esel bemerkte, ging er zum Rektor, und er sprach: „Herr Rektor, wann wollen Sie mal sehen, was mein Schüler macht?" Der Rektor fragte: „Lieber Doktor, lernt er denn auch was?" Eulenspiegel antwortete: „Er ist von übermäßig schwerfälliger Art, und es ist sehr schwer für mich, ihn zu lehren. Ich habe es jedoch mit großem Fleiß und viel Arbeit erreicht, dass er etliche Buchstaben, insbesondere einige Vokale erkennt und nennen kann. Wenn Sie mit mir mitkommen wollen, so sollen Sie das hören und sehen."

Der gute Schüler hatte an dem Tag bis um drei Uhr Nachmittag gefastet. Als nun Eulenspiegel mit dem Rektor und etlichen Gelehrten kam, legte er seinem Schüler ein neues Buch vor. Sobald es der Esel in der Futterkrippe erblickte, wendete er die Blätter hastig um und suchte den Hafer. Da er aber keinen fand, begann er mit lauter Stimme zu schreien: „I - a, i - a!" Da sagte Eulenspiegel: „Sehen Sie, lieber Herr, die zwei Vokale I und A, die kann er jetzt schon. Ich meine, er wird noch gut."

Bald danach starb der Rektor. Daraufhin entließ Eulenspiegel seinen Schüler und ließ ihn gehen, wohin es ihn seiner Natur nach beliebte. Und Eulenspiegel zog mit dem eingenommenen Geld weg und dachte: „Müsstest du alle Esel in Erfurt klug machen, würde das viel Zeit brauchen."Er verspürte wohl auch keine Lust dazu und ließ es also bleiben.

31. Eulenspiegel, verkleidet als Priester, wurde steinreich, indem er die Kirchenbesucher für eine gute Sache, allerdings mit reinem Gut, spenden ließ. Diese Gelegenheit nutzten die Frauen mit schlechtem Ruf durch reichliches Spenden dazu, sich moralisch zu rehabilitieren.

In allen Landen hatte sich Eulenspiegel mit seinem Listigsein bekannt gemacht. Wo er früher einmal gewesen war, da war er nicht willkommen, es sei denn, er verkleidete sich und man erkannte ihn nicht. Schließlich erging es ihm so, dass er sich mit Müßiggang nicht mehr zu ernähren traute, und war doch von Jugend auf guter Dinge gewesen und hatte sich mit allerlei Tricksterkünsten Geld genug verschafft. Da aber seine Listigkeit in allen Landen bekannt wurde und ihm sein Erwerb ausblieb, dachte er nach, was er treiben sollte, um mit Müßiggang dennoch gut auszukommen. Und er beschloss, sich für einen Wanderprediger auszugeben und mit einer Reliquie im Lande umherzureiten.

Er verkleidete sich als Priester, nahm einen Totenkopf und ließ ihn in Silber fassen. Er kam mit einem Seminaristen in das Land Pommern, wo sich die Priester mehr an das Saufen halten, als an das Predigen. Und wenn irgendwo in einem Dorf Kirchweih, Hochzeit oder eine andere Ansammlung von Bauersleuten war, sprach Eulenspiegel den jeweiligen Pfarrer an, er wolle den Bauern das Heil der Reliquie verkünden, damit sie sich von ihr berühren ließen. Von den Opfergaben, die er bekäme, wolle er ihnen die Hälfte abgeben. Das war den ungebildeten Geistlichen recht, da sie dann Geld erhielten.

Und wenn die Menschenmenge in der Kirche am größten war, stieg Eulenspiegel auf den Predigtstuhl und sagte, das Neue Testament mit einbeziehend, etwas von dem Alten Testament mit der Arche und dem goldenen Behältnis, in dem das Himmelsbrot lag und dass dieses das größte Heiligtum sei. Zwischendurch sprach er von dem Haupte des Sankt Brandan, der ein heiliger Mann gewesen sei und dessen Haupt er dabei habe. Ihm, Eulenspiegel, sei aufgetragen worden, damit zu sammeln, um eine neue Kirche zu bauen und das mit reinem Gut zu tun. Er dürfe bei seinem Leben keine Gabe von einer Frau annehmen, die eine

Ehebrecherin sei. Sollten solche Frauen anwesend sein, so hätten sie stehen zu bleiben. „Denn wenn sie mir etwas spenden und sind des Ehebruchs schuldig, so nehme ich das nicht, und sie werden beschämt vor mir dastehen. Haltet euch daran!"

Und er gab den Leuten das Haupt zu küssen, das er von einem Kirchhof genommen hatte und vielleicht der Schädel eines Schmiedes gewesen war. Dann gab er den Bauern und Bäuerinnen den Segen, ging von der Kanzel und stellte sich vor den Altar. Der Pfarrer begann zu singen und mit seinem Glöckchen zu klingeln. Da gingen die Frauen, die bösen wie die guten, mit ihren Spenden zum Altar. Dabei schleppten sie sich so hastig dahin, dass sie keuchten. Und die Frauen mit schlechtem Ruf, woran auch etwas Wahres war, wollten die Ersten sein mit ihren Gaben. Da nahm er die Spenden von den Bösen und den Guten und verschmähte nichts. Und so fest glaubten die schlichten Frauen an seine listige Sache, dass sie meinten, eine Frau, die stehen geblieben wäre, wäre nicht sittlich gewesen. Diejenigen Frauen, die kein Geld hatten, opferten ihren goldenen oder silbernen Ring. Und jede achtete darauf, ob die andere auch spendete. Und die geopfert hatten, meinten, sie hätten damit ihre Ehre bestätigt und ihren bösen Ruf getilgt. Es waren auch etliche darunter, die zwei- oder dreimal spendeten, damit das Volk das sehen und ihnen den schlechten Ruf erlassen sollte. Und Eulenspiegel bekam die schönsten Opfergaben, wie man es vorher noch nie gehört hatte. Nachdem er die Kollekte eingesammelt hatte, gebot er unter Androhung des Kirchenbannes allen, die gespendet hatten, keine Unsittlichkeit zu begehen, denn sie wären ganz frei davon. Wären etliche von ihnen schuldig gewesen, hätte er keine Gabe von ihnen angenommen.

So wurden die Frauen überall froh. Und wohin Eulenspiegel kam, da predigte er und wurde dadurch reich. Die Leute hielten ihn für einen frommen Prediger, so gut konnte er sein listiges Treiben tarnen.

32. In Nürnberg riss Eulenspiegel die Stadtpolizei aus dem Schlafzustand in den Wachzustand, der aber immer noch nicht genügte, den Polizisten den Sturz in die Pegnitz und ernsthafte Verletzungen zu ersparen.

Eulenspiegel beherrschte die Kunst der List. Als er mit dem Totenhaupt weit umhergezogen war und die Leute tüchtig betrogen hatte, kam er nach Nürnberg und wollte da sein Geld verzehren, das er mit der Reliquie gewonnen hatte. Und als er sich eine Zeitlang dort aufgehalten und alle Verhältnisse kennengelernt hatte, konnte er von seiner Natur nicht lassen und musste auch dort einen Streich spielen.

Er sah, dass die Stadtpolizisten in einer geräumigen Wache unterhalb des Rathauses im Harnisch schliefen. Eulenspiegel hatte in Nürnberg Weg und Steg ausgekundschaftet und sich dabei besonders den Brückensteg zwischen dem Saumarkt und der Polizeiwache angesehen. Des Nachts war es gefährlich darüber zu gehen, denn manch gute Frau, wenn sie Wein holen wollte, wurde dort überfallen.

Eulenspiegel wartete also mit seinem Streich, bis die Leute schlafen gegangen waren und es ganz still war. Dann brach er aus diesem Steg drei Bohlen und warf sie in die Pegnitz. Und er ging vor das Rathaus, begann zu fluchen und hieb mit einem alten Messer auf die Pflastersteine, dass die Funken daraus sprangen. Als die Polizisten das hörten, waren sie augenblicklich auf den Füßen und liefen ihm nach. Da Eulenspiegel hörte, dass sie ihm nachliefen, rannte er vor den Polizisten her und nahm die Flucht zu dem Saumarkt hin, die Schutzmänner immer hinter ihm her. Er kam mit Not vor ihnen an die Stelle, wo er die Bohlen entfernt hatte und bemühte sich, so gut er konnte, über den Steg zu kommen. Und nachdem er hinübergekommen war, rief er mit lauter Stimme: „Hoho, wo bleibt ihr nun, ihr ängstlichen Bullen?“ Als die Polizisten das hörten, liefen sie ihm eiligst ohne jegliches Vorbedenken nach, und jeder wollte der Erste sein. Also fiel einer nach dem anderen in die Pegnitz. Die Lücke im Steg war so eng, dass sich die Männer an allen Stellen die Münder verletzten. Da rief Eulenspiegel: „Hoho, lauft Ihr noch nicht? Morgen lauft mir weiter nach! Zu diesem Bad wärt Ihr morgen noch früh genug gekommen. Ihr hättet nicht halb so schnell zu jagen brauchen, Ihr wärt noch immer zur rechten Zeit gekommen." So brach sich einer ein Bein, der andere einen Arm, der Dritte hatte ein Loch im Kopf, sodass keiner ohne Schaden davonkam.

Nachdem er den Streich vollbracht hatte, blieb er nicht lange in Nürnberg, sondern zog wieder weg, denn er wollte nicht, dass man ihn zusammenschlüge, wenn es herauskäme, dass er es war. Die Nürnberger würden seinen Streich nicht als Spaß aufgefasst haben.

34. Eulenspiegel konnte als Pilger in Rom einer vornehmen Römerin ihren sehnlichsten Wunsch - eine Audienz beim Papst - wider ihr Erwarten erfüllen und dafür von ihr hundert Dukaten gewinnen. Bei dieser Gelegenheit bekannte sich Eulenspiegel vor dem Papst als guter Christ.

Eulenspiegel war mit durchtriebener Listigkeit begnadet. Nachdem er sich in allen Tricksterkünsten versucht hatte, dachte er an das alte Sprichwort: „Geh nach Rom, frommer Mann, komme wieder nequam [nichtsnutzig]."

Also zog er nach Rom. Dort trieb er auch seine listenreiche Kunst und nahm eine Unterkunft bei einer Witwe. Sie sah, dass Eulenspiegel ein schöner Mann war, und fragte ihn, woher er komme. Eulenspiegel antwortete, er sei aus dem Hansegebiet, aus dem Lande Sachsen. Nach Rom sei er gekommen, um beim Papst eine Audienz zu erhalten. Da sprach die Frau: „Freund, den Papst können Sie wohl sehen, aber mit ihm reden, das weiß ich nicht. Ich bin hier geboren und erzogen, gehöre den obersten Geschlechtern an, und dennoch habe ich nie eine Audienz bei ihm erlangen können. Wie wollen Sie denn das so bald zuwege bringen? Ich gäbe wohl hundert Dukaten, wenn ich mit ihm reden könnte." Da fragte Eulenspiegel: „Liebe Wirtin, wenn es mir gelingen sollte, Sie vor den Papst zu bringen, sodass Sie bei ihm eine Audienz bekämen, würden Sie mir die hundert Dukaten geben?" Die Frau war übereilig und versprach ihm die hundert Dukaten bei ihrer Ehre, wenn er das zustande bringe. Aber sie meinte, es sei ihm unmöglich, ihr eine Audienz zu verschaffen, denn sie wusste sehr gut, dass es viel Mühe und Arbeit erfordern würde. Eulenspiegel sagte: „Liebe Wirtin, geschieht es so, dann verlange ich die hundert Dukaten." Sie sagte zu, aber dachte: „Du bist noch nicht beim Papst."

Eulenspiegel ließ sich Zeit, bis der Papst in der Kapelle Jerusalem zu Sankt Johannis Lateranen eine Messe las, wie er das alle vier Wochen tat. Als nun der Papst die Messe zelebrierte, drängte sich Eulenspiegel in die Kapelle und so nah wie möglich an den Papst heran. Als dieser die stille Messe hielt, kehrte Eulenspiegel dem Sakrament den Rücken zu. Das sahen die Kardinäle. Und als der Papst den Segen über den Kelch lautlos sprach, drehte sich Eulenspiegel abermals um.

Nach der Messe sagten die Kardinäle dem Papst, dass eine gewisse Person, ein schöner Mann, der bei der Messe gewesen sei, während der stillen Messe dem Altar seine Kehrseite zugewendet habe. Der Papst sprach: „Das muss man überprüfen, denn das betrifft die heilige Kirche. Wird der Unglaube nicht bestraft, ist es gegen Gott eine Sünde. Hat der Mensch das getan, so ist zu befürchten, dass er im Unglauben lebt und kein guter Christ ist." Und er ordnete an, man solle die Person vor ihn bringen.

Sie kamen zu Eulenspiegel und sprachen, er müsse vor den Papst kommen. Eulenspiegel ging sofort mit ihnen zu ihm hin. Da fragte ihn der Papst, was für ein Mann er sei. Eulenspiegel antwortete, er sei ein christlicher Mensch. Der Papst fragte weiter, was für einen Glauben er habe. Eulenspiegel antwortete, er habe denselben Glauben, den seine Hauswirtin habe, und er nannte sie beim Namen, der wohlbekannt war. Da befahl der Papst, dass auch die Frau vor ihn kommen solle.

Als sie vor ihm erschien, fragte sie der Papst, was für einen Glauben sie habe. Die Frau antwortete, sie glaube den christlichen Glauben und was ihr die heilige christliche Kirche gebiete und verbiete. Einen anderen Glauben habe sie nicht. Eulenspiegel stand dabei und begann mit listiger Gewissheit zu lächeln und sprach: „Allergnädigster Vater, Knecht aller Knechte, denselben Glauben habe ich auch, ich bin ein guter Christ." Der Papst fragte: „Warum kehrtest du dann dem Altar den Rücken während der stillen Messe?" Eulenspiegel antwortete: „Allerheiligster Vater! Ich bin ein armer, großer Sünder und beschuldige mich meiner Sünden. Des Altars bin ich erst dann würdig, wenn ich meine Sünden gebeichtet habe." Der Papst war damit zufrieden, entließ ihn und ging in seinen Palast.

Eulenspiegel ging in seine Unterkunft und mahnte seine Wirtin wegen der hundert Dukaten, die sie ihm geben musste. Und Eulenspiegel blieb nach wie vor Eulenspiegel. Die Romfahrt hatte ihn wohl kaum gebessert.

35. Eulenspiegel wurde auf der Messe in Frankfurt am Main sehr reich, indem er seine Ware gezielt nur einem wohlhabenden Kundenkreis feilbot, sie genau auf dessen Wertvorstellungen abstimmte und die Käufer so hereinlegte.

Niemand soll betrübt sein, wenn die listigen Juden betrogen werden. Als Eulenspiegel von Rom kam, reiste er nach Frankfurt am Main. Dort war gerade Messezeit. Also ging Eulenspiegel hin und her und sah sich die Waren an, die man zum Verkauf anbot. Dabei bemerkte er einen gut gekleideten, starken jungen Mann, der einen kleinen Verkaufsstand hatte und Moschus aus Alexandria über die Maßen teuer feilbot. Da dachte Eulenspiegel bei sich: „Ich bin auch ein bequemer, kräftiger Kerl, der ungern arbeitet. Könnte ich mich auch so leicht wie dieser ernähren, hätte ich es ganz gut."

In der Nacht lag er schlaflos und dachte über den Nahrungserwerb nach. Da biss ihn ein Floh in den Hintern. Rasch griff er nach ihm und fand im Hintern etliche Knötchen. Da dachte er: „Das muss der Stoff sein, den man Lexulvander nennt, von dem der Moschus herkommt." Und nachdem er morgens aufgestanden war, kaufte er graue und rote Halbseide und wickelte damit die Knötchen ein. Er beschaffte sich einen Ladenstand, kaufte noch Kräuter und Gewürze hinzu und stellte sich mit seinem Sortiment vor dem Römer auf. Da kamen viele Leute zu ihm und besahen sein seltsames Angebot und fragten ihn, was er da für eigenartige Dinge feilböte, denn es war sonderbares Handelsgut. Es war wie Moschus in kleinen Bündeln gebunden und roch sehr seltsam. Aber Eulenspiegel gab niemandem rechten Bescheid über seine Artikel, bis drei reiche Juden zu ihm kamen und nach seiner Ware fragten. Denen gab er zur Antwort, es seien echte Prophetenbeeren. Wer eine davon in den Mund nähme und danach in die Nase stecke, der könne von dem Augenblick an wahrsagen. Da gingen die Juden beiseite und beratschlagten eine Weile darüber. Zuletzt sprach der alte Jude: „Damit könnten wir prophezeien, wann unser Messias kommt. Das wäre uns Juden ein nicht kleiner Trost." Und sie beschlossen, die Ware zu kaufen, egal wie viel sie dafür zahlen müssten.

Daraufhin gingen sie wieder zu Eulenspiegel und sprachen: „Kaufmann, mit einem Wort, was soll eine Prophetenbeere kosten?" Eulenspiegel überlegte kurz und sprach: „Wahrhaftig, gibt Gott Ware, gibt er auch Käufer. Den Juden ist diese Kost von großem Nutzen." Und er fügte hinzu: „Ich gebe eine für tausend Gulden. Wenn Ihr die nicht geben wollt, so geht nur weg und lasst mir den Dreck stehn." Um Eulenspiegel nicht zu verstimmen und seine Ware zu bekommen, zahlten sie ihm sogleich das Geld, nahmen eine Beere und gingen schnell nach Hause. Sie ließen alle Juden, jung und alt, zur Synagoge rufen.

Als sie versammelt waren, stand der älteste Rabbi, genannt Alpha, auf, und erzählte, wie sie durch den Willen Gottes eine Prophetenbeere erworben hätten. Die sollte einer von ihnen in den Mund nehmen und die Ankunft des Messias verkünden, damit ihnen davon Heil und Trost komme. Sie alle sollten sich darauf mit Fasten und Beten vorbereiten. Und nach drei Tagen sollte Isaak die Beere mit großer Reverenz einnehmen. Und so geschah es.

Als nun Isaak die Beere im Mund hatte, fragte ihn einer mit Namen Moses: „Lieber Isaak, wie schmeckt es denn?" – „Diener Gottes, wir sind von dem Nichtjuden betrogen, es ist nichts anderes als Menschenkot." Alle kosteten die Prophetenbeere so lange, bis sie das Gesträuch identifizierten, auf dem die Beere gewachsen war.

Aber Eulenspiegel war weg und aß und trank üppig, so lange das Geld der Juden reichte.

36. Eulenspiegel, an dem das Geld nicht hängen blieb, nahm sich kostenlos einen Korb Hühner, um den sich eine Marktfrau infolge ihres perfektionistischen Geschäftsverhaltens betrügen ließ.

In alter Zeit waren die Leute nicht so raffiniert wie jetzt, besonders die Landbevölkerung. Als Eulenspiegel auf eine Zeit nach Quedlinburg kam, war da gerade Markt. Er hatte aber nicht viel Wegzehrung. Wie er sein Geld gewann, so ging es wieder hinweg. Er dachte nach, wie er sich wieder Essen beschaffen könnte.

Nun saß da auf dem Markt eine Landfrau und bot einen Korb voll guter Hühner mit einem Hahn zum Verkauf an. Eulenspiegel fragte sie, was das Paar kosten solle. Sie antwortete ihm: „Das Paar zwei Stephansgroschen." Eulenspiegel sprach: „Willst du sie nicht billiger verkaufen?" Die Frau verneinte es. Da nahm Eulenspiegel den Korb mit den Hühnern und ging auf das Burgtor zu. Die Frau lief ihm nach und rief: „Käufer, wie soll ich das verstehen? Willst du mir die Hühner nicht bezahlen?" Eulenspiegel antwortete: „Ja, gern, ich bin der Schreiber der Äbtissin." – „Danach frage ich nicht", sagte die Bäuerin, „willst du die Hühner haben, so bezahle sie. Ich will am Hof bei Abt oder Äbtissin nichts zu schaffen haben. Mein Vater hat mir eingeschärft, ich soll mit Leuten, vor denen man sich verneigen oder die Kappe ziehen muss, keinen Handel treiben. Darum bezahle mir die Hühner, hörst du!" Eulenspiegel sprach: „Frau, du bist kleingläubig. Es wäre nicht gut, wenn alle Kaufleute so wären. Es müsste unser einer sonst schlecht gekleidet gehen. Und damit du deines Geldes gewiss bist, so nimm den Hahn zum Pfand, bis ich dir den Korb und das Geld bringe."

Die gute Frau meinte, sie sei abgesichert und nahm ihren eigenen Hahn zum Pfand. Aber sie wurde betrogen, denn Eulenspiegel blieb mit den Hühnern und dem Geld aus. Es geschah ihr eben wie denen, die ihre Sache manchmal allzu genau besorgen wollen und dabei am ehesten sich selbst schaden.

Und Eulenspiegel ging von dort weg und ließ die Bäuerin sich heftig über den Hahn ärgern, der sie um die Hühner gebracht hatte.

38. Eulenspiegel wurde dem höheren Willen scharfsinnig gerecht und beglückte dadurch den Herzog von Braunschweig mit einem prächtigen Pferd und sich selbst mit dem prachtvollen Mantel des Herzogs. Dem früheren Besitzer des Pferdes aber, einem Pfarrer in Kissenbrück, ließ Eulenspiegel das widerfahren, was jener sich verdient hatte.

Eulenspiegel ließ sich nicht verdrießen, die Gelegenheit zu raffinierter List in dem Dorf Kissenbrück[25] im Asseburger Gerichtsbezirk zu nutzen. Dort wohnte ein Pfarrer, der eine gar hübsche Haushälterin hatte und dazu ein feines, ganz schön schnelles Pferd. Die hatte der Pfarrer alle beide sehr gern, das Pferd und auch die Magd. Zu der Zeit war der Herzog von Braunschweig in Kissenbrück und hatte den Pfarrer durch andere Leute mehrmals gebeten, ihm das Pferd zu überlassen. Er wollte ihm dafür so viel geben, dass es ihn zufriedenstellte. Der Pfarrer aber hatte dem Fürsten das Angebot immer abgelehnt. Er wollte das Pferd nicht verkaufen. Der Fürst konnte ihm das Pferd auch nicht wegnehmen lassen, denn das Gericht unterstand dem Rat von Braunschweig.

Eulenspiegel hatte davon gehört und es sich gemerkt. Er sprach zu dem Fürsten: „Gnädiger Herr, was wollen Sie mir schenken, wenn ich Ihnen das Pferd des Pfarrers von Kissenbrück beschaffe?" – „Kannst du das tun", antwortete der Herzog, „so will ich dir den Mantel geben, den ich jetzt anhabe." Das war ein roter Kamelhaarmantel mit Perlen bestickt.

Eulenspiegel nahm das an und ritt von Wolfenbüttel in das Dorf zum Pfarrer, in dessen Haus er Unterkunft bekam. Eulenspiegel war in dem Haus wohlbekannt und willkommen, denn er war früher oft bei dem Pfarrer gewesen. Nachdem er dort etwa drei Tage gewesen war, gebärdete er sich so, als ob er krank wäre, ächzte laut und legte sich nieder. Der Pfarrer und seine Haushälterin hatten Mitleid mit ihm, wussten aber keinen Rat, was man dagegen tun sollte. Zuletzt wurde Eulenspiegel so krank, dass ihn der Pfarrer ansprach und ihn bat zu beichten und das Abendmahl zu nehmen. Eulenspiegel war dazu durchaus geneigt. Der Pfarrer selbst wollte ihm die Beichte abnehmen und ihn auf das Schärfste

25 Kissenbrück lag im ehemaligen Asseburger Bezirk bei Wolfenbüttel.

befragen. Da Eulenspiegel in seinem Leben viel Abenteuerliches getrieben habe, solle er sich um seine Seele sorgen, damit ihm Gott seine Sünden vergeben möge. Eulenspiegel sagte ganz kränklich zum Pfarrer, er wisse nichts, was er getan habe, außer einer Sünde, die er ihm aber nicht beichten dürfe. Er möge ihm einen anderen Pfarrer holen, dem wolle er sie beichten. Denn wenn er sie ihm bekenne, so befürchte er, der Pfarrer würde ihm darum böse sein.

Als der Pfarrer das hörte, meinte er, dahinter sei etwas verborgen, und das wollte er wissen. Er sprach: „Eulenspiegel, der Weg ist weit, ich kann den anderen Pfarrer nicht so schnell herholen. Stirbst du inzwischen mit der Sünde, so hätten du und ich die Schuld dafür vor Gott dem Herrn. Sag es mir! Die Sünde wird schon nicht so schwer sein, ich will dich davon lossprechen. Was nützte es auch, wenn ich böse würde? Ich darf doch die Beichte nicht verraten." Da sagte Eulenspiegel: „So will ich das wohl beichten." Die Sünde sei auch nicht so schwer. Es täte ihm nur leid, wenn der Pfarrer böse würde, denn es beträfe ihn. Da verlangte es den Pfarrer noch mehr, es zu erfahren. Und er sprach zu ihm, habe er ihm etwas gestohlen, Schaden zugefügt oder was es auch sei, er möge es ihm beichten. Er wolle es ihm vergeben und ihn niemals darum hassen.

„Ach, lieber Herr", sagte Eulenspiegel, „ich weiß, Sie werden mir darum böse sein. Doch ich spüre und fürchte, dass ich bald von hier scheiden muss. Ich will es Ihnen sagen. Gott bewahre, Sie werden zornig oder böse. Lieber Herr, das ist es: Ich habe bei Ihrer Magd geschlafen." Der Pfarrer fragte, wie oft das geschehen sei. Eulenspiegel antwortete: „Nur fünfmal." Der Pfarrer dachte bei sich: „Dafür soll sie fünf Hiebe bekommen."

Er erteilte Eulenspiegel hastig die Absolution, ging in das Amtszimmer und ließ seine Magd zu sich rufen. Er fragte sie, ob sie bei Eulenspiegel geschlafen habe. Die Haushälterin verneinte es, das sei gelogen. Der Pfarrer sagte, Eulenspiegel habe es ihm doch gebeichtet und er glaube es ihm auch. Sie stritt es ab, er beschuldigte sie, erwischte einen Stock und schlug sie grün und blau. Eulenspiegel lag im Bett, lachte und dachte bei sich: „Das Spiel wird nun gut werden und zu seinem Recht kommen." Den ganzen Tag lag er im Bett.

In der Nacht aber wurde er gesund, stand am Morgen auf und sagte dem Pfarrer, es gehe ihm besser. Er möge ihm berechnen, was er bei ihm verzehrt habe, da er in ein anderes Land müsse. Der Pfarrer rechnete gemeinsam mit ihm, war aber so irre in seinem Sinn, dass er nicht wusste, was er tat. Er berechnete es ihm und nahm doch kein Geld und war schon damit zufrieden, dass Eulenspiegel weiterreiste. Die Haushälterin dachte ebenso, obwohl sie seinetwegen geschlagen worden war.

Eulenspiegel war reisefertig und wollte gehen. „Herr", sprach er, „seien Sie daran erinnert, dass Sie das Beichtgeheimnis verletzt haben. Ich will nach Halberstadt zum Bischof gehen und ihm das über Sie berichten." Der Pfarrer vergaß seinen Groll, als er hörte, dass Eulenspiegel ihn in Schwierigkeiten bringen wollte. Er bat ihn mit großem Ernst, dass er schweige. Es sei im Affekt geschehen. Er wolle ihm zwanzig Gulden geben, damit er ihn nicht anzeige. Eulenspiegel entgegnete: „Nein, ich würde das sogar um hundert Gulden nicht verschweigen. Ich will gehen und es vorbringen, wie es sich gebührt." Der Pfarrer bat die Magd mit weinenden Augen, dass sie Eulenspiegel frage, ihr zu sagen, was er von ihm haben wolle. Das werde sie ihm übergeben. Schließlich sagte Eulenspiegel, wenn der Pfarrer ihm das Pferd gebe, so werde er schweigen und es solle ungemeldet bleiben. Er wolle aber nichts anderes nehmen als das Pferd. Der Pfarrer hatte das Pferd furchtbar gern und hätte Eulenspiegel lieber seine ganze Barschaft gegeben, als ihm das Pferd zu überlassen. Und doch trennte er sich von ihm, wenn auch gegen seinen Willen, denn die Not zwang ihn dazu.

Er gab Eulenspiegel das Pferd und ließ ihn damit fortreiten. Eulenspiegel ritt also mit dem Pferd des Pfarrers nach Wolfenbüttel. Als er auf dem Stadtwall ankam, da stand der Herzog auf der Zugbrücke und sah Eulenspiegel mit dem Pferd dahertraben. Augenblicklich zog der Fürst den Mantel aus, den er Eulenspiegel versprochen hatte, ging zu ihm hin und sagte: „Sieh her, mein lieber Eulenspiegel, hier ist der Mantel, den ich dir versprochen habe." Da stieg Eulenspiegel vom Pferd und sprach: „Gnädiger Herr, hier ist Ihr Pferd." Er sagte dem Herzog großen Dank für den Mantel und musste ihm erzählen, wie er das Pferd von dem Pfarrer bekommen hatte. Darüber lachte der Fürst und war fröhlich und gab Eulenspiegel ein anderes Pferd zu dem Mantel.

Der Pfarrer trauerte dem Verlust seines Pferdes nach und schlug die Magd dessenthalben oft und heftig, sodass sie ihm davonlief. Da hatte er sie beide verloren.

39. Eulenspiegel provozierte einen selbstgerechten Schmiedemeister, der sich Eulenspiegel gegenüber durch eine als bestehende Regel vorgetäuschte, unsinnige Schikane zu behaupten versuchte. Diese überbot Eulenspiegel jedoch im ebenso als Regel simulierten Gegenzug, wodurch er den Schmied in Rage brachte und so völlig die Oberhand über ihn gewann.

Eulenspiegel kam nach Rostock im Lande Mecklenburg und fand dort eine Arbeit als Schmiedegeselle. Der Schmied hatte eine Redensart: Wenn der Geselle die Blasebälge betätigen sollte, sprach er: „Haho, folge mit den Bälgen!" Eulenspiegel stand auf den Blasebälgen, um sie zu betätigen. Da sprach der Schmied zu Eulenspiegel mit harter Stimme: „Haho, folg mit den Bälgen nach!" Und mit diesen Worten ging er hinaus in den Hof, um seine Blase zu entleeren. Eulenspiegel nahm den einen Blasebalg auf die Schulter, folgte dem Meister nach in den Hof und sprach: „Meister, hier bringe ich den einen Blasebalg. Wo soll ich ihn hintun? Ich will gehen und den anderen auch holen." Der Meister sah sich um und sagte: „Lieber Geselle, so meinte ich es nicht. Geh hin und leg den Blasebalg wieder an seine Stelle!" Das tat Eulenspiegel und trug ihn wieder an seinen Platz.

Der Meister überlegte, wie er ihm das heimzahlen könnte. Er beschloss, fünf Tage lang um Mitternacht aufzustehen, um den Gesellen zu wecken und ihn arbeiten zu lassen. Und so geschah es. Er weckte die Gesellen um diese Zeit und ließ sie schmieden. Eulenspiegels Arbeitskamerad fragte: „Was meint wohl der Meister damit, dass er uns so früh weckt? Das pflegte er bisher nicht zu tun." Eulenspiegel sprach: „Willst du, so will ich ihn fragen." Der Geselle sagte ja. Da erkundigte sich Eulenspiegel: „Lieber Meister, wie geht es zu, dass Sie uns so früh wecken? Es ist erst Mitternacht." Der Meister antwortete: „Es ist meine Art, dass meine neuen Gesellen die ersten acht Tage auf meinen Betten nicht länger liegen sollen als eine halbe Nacht." Eulenspiegel schwieg dazu, und sein Kumpel wagte nicht zu sprechen.

In der nächsten Nacht weckte sie der Meister wieder um Mitternacht. Eulenspiegels Kamerad ging zum Arbeiten. Eulenspiegel aber nahm das Bett und band es sich auf den Rücken. Und als das Eisen heiß war, kam er vom Dachgeschoss zum Amboss gelaufen und schlug mit zu, wobei die Funken auch ins Bett stoben. Der Schmied rief: „Nun sieh einer an, was tust du da? Bist du verrückt geworden? Kann das Bett nicht liegen bleiben, wo es liegen soll?" Eulenspiegel antwortete: „Meister, regen Sie sich nicht auf! Es ist meine Art in der ersten Woche, dass ich eine halbe Nacht auf dem Bett liege und die andere halbe Nacht das Bett auf mir liegt." Der Meister wurde zornig und sprach zu ihm, er solle das Bett wieder dahin tragen, wo er es hergenommen habe, und setzte im Jähzorn noch hinzu: „Und geh mir oben aus dem Haus, du wahnwitziger Schalk!" Eulenspiegel sagte ja, ging auf das Dachgeschoss und legte das Bett wieder dorthin, woher er es genommen hatte. Dann holte er eine Leiter, stieg in den Dachfirst, brach das Dach oben auf und ging auf die Dachlatten. Er nahm die Leiter, zog sie nach sich, setzte sie vom Dach aus auf die Straße, stieg so hinab und ging fort.

Der Schmied hörte ihn oben poltern, ging ihm mit dem anderen Gesellen auf das Dachgeschoss nach und sah, dass Eulenspiegel das Dach aufgebrochen hatte und so hinausgestiegen war. Da wurde der Schmied noch zorniger, suchte den Spieß und lief aus dem Haus ihm nach. Der Geselle hielt den Meister zurück und sprach zu ihm: „Meister, so nicht! Lassen Sie es sich sagen: Er hat doch nichts anderes getan, als was Sie ihm befohlen haben. Denn Sie sagten ihm ja, er solle Ihnen oben aus dem Haus gehen. Das hat er getan, wie Sie nun sehen." Der Meister ließ sich belehren. Und was sollte er auch tun? Eulenspiegel war ja weg. Der Meister musste das Dach ausbessern lassen und sich mit dem Zugetragenen abfinden. Der Geselle sprach: „An so einem Gefährten ist nicht viel zu gewinnen. Wer Eulenspiegel nicht kennt, der habe nur mit ihm zu tun, dann lernt er ihn kennen."

41. Der namhafte Eulenspiegel tauschte abstrakte Binsenwahrheiten, die die Angesprochenen für richtig hielten und sie ihm als echte Wahrheiten abnahmen, für einen kompletten, nagelneuen Hufbeschlag ein.

Nachdem Eulenspiegel von dem vorigen Schmied fortgegangen war, kam er an einem kirchlichen Feiertag nach Wismar. Dort sah er vor einer Schmiede eine schöne Frau mit ihrer Magd stehen; das war die Frau des Schmieds. Er nahm gegenüber Unterkunft und riss in der Nacht seinem Pferd alle vier Hufeisen ab. Am anderen Tag ging er zur Schmiede, wo er bekannt war. Als er vor die Schmiede kam, sodass man sehen konnte, dass es Eulenspiegel war, kamen die Frau und die Magd vor die Haustür, um Eulenspiegels Tun hören und sehen zu können. Eulenspiegel fragte den Schmied, ob er ihm sein Pferd beschlagen wolle. Der bejahte es und freute sich, dass er mit Eulenspiegel reden konnte.

Da sprach der Schmied zu ihm, wenn er ihm ein wahres Wort sagen könne, so wolle er seinem Pferd ein Hufeisen geben. Der sagte ja und sprach: „Wenn Sie Eisen und Kohle haben, und Luft in den Blasebalg holen, so können Sie gut schmieden." Der Schmied sagte: „Das ist wirklich wahr" und gab ihm ein Hufeisen.

Der Geselle schlug es dem Pferd auf und er sprach zu Eulenspiegel am Behelfsstall, könne er ihm auch ein wahres Wort sagen, das ihn betreffe, so wolle er seinem Pferd ebenfalls ein Hufeisen geben. Eulenspiegel sagte ja und sprach: „Ein Schmiedegeselle und sein Lehrling, die müssen kräftig zupacken, wenn sie zu Werke gehen wollen." Der Geselle sagte: „Das ist auch wahr" und gab ihm ein Hufeisen.

Das sahen die Frau und die Magd und es begehrte sie, mit Eulenspiegel gleichfalls ins Gespräch zu kommen. Sie fragten ihn, ob er ihnen auch ein wahres Wort sagen könne, so wolle jede von ihnen ihm ebenso ein Hufeisen geben. Eulenspiegel sagte wieder ja und sprach zu der Frau: „Eine Frau, die viel vor der Haustür steht, und allen Männern große Augen macht, Zeit und Gelegenheit hat, die ist kein Fisch, an dem nur Gräten dran sind." Die Frau sprach: „Das ist wirklich wahr" und gab ihm auch ein Hufeisen.

Danach sagte Eulenspiegel zu der Magd: „Mägdelein, wenn du isst, so hüte dich vor Rindfleisch. Dann brauchst du nicht in den Zähnen zu stochern, und es tut dir auch der Bauch nicht weh." – „Ei, behüt uns Gott, was für ein wahres Wort das ist" rief sie und gab ihm auch ein Hufeisen.

Eulenspiegel ritt davon, und sein Pferd war neu beschlagen.

50. Eulenspiegel veranstaltete ein Arbeitstreffen für Schneider, auf dem er ihnen etwas Geistiges vermittelte, das ihnen ihre handwerkliche Existenz auf Dauer zu sichern vermöge.

Eulenspiegel schrieb ein Arbeitstreffen für Schneider aus in den wendischen Städten und im Lande Sachsen und besonders in den Ländern Holstein, Pommern und Mecklenburg, auch in Stettin, Lübeck, Hamburg, Stralsund und Wismar. In dem Schreiben sprach er von einer großen Gunsterweisung und lud sie zu sich in die Stadt Rostock ein. Er wolle ihnen eine Fähigkeit beibringen, die ihnen und ihren Kindern auf alle Zeit nützen solle. Die Schneider in den Städten und Dörfern korrespondierten miteinander darüber, was ihre Meinung dazu sei. Alle schrieben, sie wollten zu einer bestimmten Zeit in die Stadt kommen. Als sie nun dort versammelt waren, verlangte es jeden zu erfahren, was das wohl sei, dass Eulenspiegel ihnen sagen und was für eine Technik er ihnen vorführen wolle, nachdem er so dringlich sie angeschrieben hatte.

Entsprechend ihrer Absprache kamen sie alle zur bestimmten Zeit in Rostock zusammen. Viele Leute wunderten sich, was die Schneider da tun wollten. Als Eulenspiegel hörte, dass ihm die Schneider Folge geleistet hatten, ließ er sie zusammenrufen, bis sie alle versammelt waren. Da sprachen die Schneider Eulenspiegel an, sie seien gemäß seinem Schreiben hergekommen. Darin habe er erwähnt, er wolle ihnen eine Fertigkeit lehren, die ihnen und ihren Kindern auf Dauer nützen solle. Sie bäten ihn, dass er sie weiterbilde und das Wissen offenbare und vermittle; sie wollten ihn dafür auch beschenken. Eulenspiegel sprach: „Ja, kommt alle zusammen auf einem Rasen, damit jeder das von mir hören kann."

Sie versammelten sich auf einem weiten Gelände und Eulenspiegel stieg in ein Haus, sah da zum Fenster hinaus und sprach: „Ehrbare Männer des Schneiderhandwerks. Merkt euch und versteht: Habt ihr eine Schere, ein Maßband, Faden und einen Fingerhut, dazu eine Nadel, so habt ihr genug Werkzeug für euer Handwerk. Sie zu gebrauchen ist für euch keine Kunst, da sie sich von selbst entwickelt, wenn ihr euer Handwerk ausübt. Aber dieses Verfahren nehmt von mir und gedenkt meiner dabei: Wenn ihr die Nadel eingefädelt habt, so vergesst nicht, an das andere Fadenende einen Knoten zu machen, sonst ist alle Arbeit umsonst. Auf diese Weise hat der Faden keine Möglichkeit, aus der Nadel zu entwischen."

Ein Schneider sah den anderen an und sie sprachen: „Diese Praktik wussten wir schon vorher und alle die anderen Sachen, die er uns gesagt hat." Und sie fragten ihn, ob er ihnen noch etwas zu sagen habe, denn solchen Trivialitäten wollten sie nicht zehn oder zwölf Meilen nachgezogen sein oder zueinander Boten geschickt haben. Dieses Verfahren hätten die Schneider lange gewusst, schon vor mehr als tausend Jahren. Darauf antwortete ihnen Eulenspiegel: „Was vor tausend Jahren geschehen ist, da war keiner von euch dabei, der sich daran erinnerte." Auch sagte er, sei es ihnen nicht zu Willen und zu Dank, dann sollten sie es mit Unwillen und Undank annehmen; und jedermann möge wieder dahingehen, wo er hergekommen sei.

Da wurden die Schneider, die von weit herangereist waren, zornig auf ihn, und wären gern zu ihm vorgedrungen, aber sie konnten nicht an ihn herankommen. Also gingen sie wieder auseinander. Ein Teil der Schneider war zornig, fluchte und war ganz unwillig, dass sie den weiten Weg umsonst getan hatten. Die Rostocker lachten und spotteten der anderen, dass sie sich haben narren lassen. Sie sagten, es sei ihre eigene Schuld, dass sie dem Schalk geglaubt hätten und gefolgt seien. Denn sie hätten schon lange gewusst, was für ein Vogel Eulenspiegel sei.

51. Eulenspiegel trat bei einem hinsichtlich des Merkurialen unaufgeschlossenen Webermeister seinen Dienst an, und wie deren Arbeitsverhältnis für den Weber ein schlimmes Ende nahm.

Als Eulenspiegel nach Stendal kam, gab er sich dort als Wollweber aus. Es war an einem Sonntag. Da sagte der Wollweber zu ihm: „Junger Mann, ihr Gesellen haltet am Montag[26] Feiertag. Wer aber das gern zu tun pflegt, den habe ich nicht gern in meinem Betrieb; der muss die Woche durcharbeiten." Eulenspiegel sagte: „Ja, Meister, das passt mir ganz gut." Am Morgen stand Eulenspiegel auf und schlug Wolle. Und am Dienstag ebenso, und das gefiel dem Wollweber sehr.

Am Mittwoch war ein Apostelfesttag, den sie feiern mussten. Aber Eulenspiegel tat, als ob er vom Feiertag nicht wüsste, stand morgens auf und begann, die Arbeit vorzubereiten, und schlug dann Wolle, dass man es über die ganze Stadt hörte. Der Meister schnellte aus dem Bett und rief: „Hör auf! Hör auf! Heute ist ein kirchlicher Feiertag."[27] Eulenspiegel erwiderte: „Lieber Meister, Sie hatten mir doch am Sonntag keinen Feiertag erwähnt, sondern gesagt, ich solle die ganze Woche durcharbeiten." Der Wollweber sagte: „Lieber Geselle, so meinte ich das nicht. Hör nur auf und schlag nicht mehr! Was du den Tag verdienen könntest, will ich dir trotzdem geben."

Eulenspiegel war damit zufrieden, hatte einen arbeitsfreien Tag und unterhielt sich abends mit seinem Meister. Da sagte der Wollweber zu ihm, dass ihm das Schlagen der Wolle gut gelinge, er müsse sie aber ein wenig höher[28] schlagen. Eulenspiegel wollte das tun. Er stand frühmor-

---

26 „Solange mit *Waid* [vor der Zeit des Indigos die wichtigste Färbepflanze für blau] blau gefärbt wurde, musste die Wolle, nachdem sie zwölf Stunden im Färbebad gelegen hatte, ebenso lange an der Luft oxidieren. Sonntags ließ man sie 24 Stunden im Bad, worauf sie den ganzen Montag an der Luft liegen musste. Die Gesellen konnten müßig gehen, wenn in solcher Weise *blau gemacht* wurde." F. Kluge, *Etymologisches Wörterbuch,* Berlin (W. de Gruyter)18. Auflage, bearbeitet von W. Mitzka, 1960.

27 Feiertagsarbeit wurde zu jener Zeit noch schwer geahndet.

28 Fachausdruck für „flauschiger".

gens auf, spannte den Bogen oben an die Latten und setzte daran eine Leiter. Er stieg da hinauf und machte es so, dass die Rute bis auf die Darre[29] hinaufreichen konnte. Dann holte er die Wolle von der Darre, die vom Boden bis zur Decke reichte, und schlug die Wolle, dass sie über das Haus stob. Der Wollweber lag im Bett und hörte am Schlag, dass er es ihm nicht recht machte, stand auf und sah nach ihm. Eulenspiegel fragte: „Meister, was halten Sie davon? Ist das hoch genug?" Der Meister antwortete: „Wahrhaftig! Stündest du auf dem Dach, so wärst du noch höher. Schlügest du die Wolle da oben, könntest du sie auf dem Dach im Sitzen schlagen, statt hier auf der Leiter im Stehen." Damit ging er aus dem Haus und wollte in die Kirche.

Eulenspiegel hörte auf die Rede, nahm den Bogen, stieg auf das Dach und schlug die Wolle auf dem Dach. Das bemerkte der Meister draußen auf der Straße, kam schnell gelaufen und rief: „Was zum Teufel machst du? Hör auf! Pflegt man die Wolle auf dem Dach zu schlagen?" Eulenspiegel antwortete: „Was sagen Sie jetzt wieder? Sie sagten doch, es sei auf dem Dach besser als auf der Leiter, denn das sei noch höher als die Balken." Der Wollweber entgegnete: „Willst du Wolle schlagen, so schlage sie! Willst du Narretei treiben, so treibe sie! Steig vom Dach! – Verflucht, Scheiß bei der Darre!"[30] Mit diesen Worten ging der Wollweber in das Haus und dann in den Hof. Eulenspiegel stieg eilig vom Dach, ging in das Haus, setzte sich in der Stube hin und machte sich daran, einen großen Haufen in die Darre zu scheißen. Der Wollweber kam aus dem Hof und sah, dass er in der Stube schiss. Da schrie er: „Dich soll der Schlag treffen! Du tust, was alle Narren zu tun pflegen!" Eulenspiegel sagte: „Meister, ich mache doch nichts anderes, als was Sie mir befohlen haben. Sie sagten, ich solle vom Dach steigen und bei der Darre scheißen. Warum sind Sie wütend auf mich? Ich tue ja nur das, was Sie mir sagen." Der Wollweber sprach: „Du scheißt mir wohl auf den Kopf ungeheißen. Nimm den Dreck und trag ihn an einen Ort, wo ihn niemand haben will!"

---

29 Ein aus Weidengeflecht hergestelltes Gestell, auf dem die Wolle getrocknet oder geschlagen wurde.

30 Fachspezifischer Kraftausdruck.

Eulenspiegel sagte ja, nahm den Kot auf ein Stück Holz und trug ihn in die Speisekammer. Da sagte der Wollweber: „Lass ihn draußen, ich will ihn nicht darin haben." Eulenspiegel entgegnete: „Das weiß ich sehr gut, dass Sie ihn da nicht haben wollen, niemand will ihn da haben, doch ich tue ja nur, was Sie von mir verlangen." Der Wollweber wurde zornig, lief zum Stall und wollte Eulenspiegel ein Scheit an den Kopf werfen. Da ging Eulenspiegel zum Haus hinaus und sagte: „Kann ich denn nirgendwo Dank verdienen?" Der Wollweber wollte das Holz mit dem Kot rasch ergreifen, besudelte sich aber alle Finger. Da ließ er den Dreck fallen, lief zum Brunnen und wusch sich die Hände. Währenddessen ging Eulenspiegel davon.

57. Eulenspiegel überwand den Verwalter des Lübecker Ratsweinkellers, der sich eine unschlagbare Klugheit anmaßte, indem dessen Habsucht es Till ermöglichte, ihn auszutricksen.

Als Eulenspiegel nach Lübeck kam, sah er sich wohlweislich vor und verhielt sich so, wie es sich gebührte, um dort niemandem einen Streich zu spielen, denn es herrschte in Lübeck ein strenges Recht. Nun war zu der Zeit in Lübeck ein Weinzapfer im Ratskeller, der ein hochmütig stolzer Mann war. Ihm schien, niemand sei so klug wie er, und er ging so weit, selber auch wohl zu sagen und von sich sagen zu lassen, dass es ihn sehr begehre, den Mann zu sehen, der ihn betrügen könnte und ihn in seiner Klugheit zum Narren machte. Darum waren ihm viele Bürger nicht wohlgesinnt.

Als nun Eulenspiegel von diesem Hochmut des Weinzapfers hörte, konnte er den Schalk nicht länger verbergen und dachte: „Das musst du versuchen; mal sehen, was er kann." Er nahm zwei Kannen, die beide gleich waren, füllte Wasser in eine Kanne und ließ die andere leer. Die Kanne, in der das Wasser war, trug er unter dem Mantel verborgen, die leere Kanne trug er offen. Und er ging mit den Kannen in den Weinkeller und ließ sich ein Maß Wein einmessen. Die Kanne mit dem Wein versteckte er unter dem Mantel, zog die Kanne mit dem Wasser hervor und setzte sie auf die Zapfbank, ohne dass es der Weinzapfer bemerkte, und fragte dann: „Weinzapfer, was kostet das Maß Wein?" – „Zehn Pfennig", antwortete der. Eulenspiegel sagte: „Er ist mir zu teuer, ich habe nicht mehr als sechs Pfennig. Kann ich ihn dafür haben?" Der Weinzapfer wurde zornig und sprach: „Willst du meinen Herren den Preis vorschreiben? Das ist ein Kauf nach festgesetzten Preisen. Wem das nicht recht ist, der lasse den Wein im Ratskeller." Eulenspiegel sagte: „Das leuchtet mir ein. Ich habe sechs Pfennig, wollen Sie die nicht haben, so gießen Sie den Wein wieder aus!"

Da nahm der Weinzapfer die Kanne aus Geiz und meinte, es sei der Wein, es war aber das Wasser und goss es oben zum Spundloch wieder hinein und rief: „Was bist du für ein Narr! Lässt dir Wein einmessen und kannst ihn nicht bezahlen." Eulenspiegel nahm die Kanne und sagte, indem er sich entfernte: „Ich sehe, dass du ein Narr bist. Es ist niemand so klug, dass er nicht von Narren betrogen würde, auch wenn er ein Weinzapfer ist.“ Und damit ging er weg. Die Kanne mit dem Wein trug er unter dem Mantel und die leere Kanne, in der das Wasser gewesen war, trug er offen.

58. Eulenspiegel gelang es, durch eine scheinbar nichtige, jedoch rechtlich bindende Bitte, noch im letzten Augenblick vor seiner Hinrichtung, die einer Ermordung[31] gleichgekommen wäre, freigelassen zu werden.

Lambrecht, der Weinzapfer, hatte auf die Worte geachtet, die Eulenspiegel gesprochen hatte, als dieser den Keller verließ. Er ging hinaus, nahm sich einen Polizisten, lief Eulenspiegel nach und holte ihn auf der Straße ein. Der Polizist ergriff ihn, und sie fanden die zwei Kannen bei ihm, die leere Kanne und die Kanne, in der der Wein war. Da klagten sie ihn als einen Dieb an und führten ihn ab ins Gefängnis.

Etliche meinten, er habe dafür den Galgen verdient, andere wiederum sagten, es sei nicht mehr denn ein raffinierter Streich. Der Weinzapfer hätte sich vorsehen sollen, als er davon sprach, dass ihn niemand betrügen könne. Eulenspiegel habe das wegen dessen großer Vermessenheit getan. Aber diejenigen, die Eulenspiegel grollten, sagten, dass es Diebstahl sei, darum müsse er hängen. Also wurde über ihn das Urteil gesprochen: zum Tode am Galgen.

Als der Tag der Hinrichtung kam und man Eulenspiegel vor die Stadt führen und hängen sollte, erfasste eine lärmende Unruhe die ganze Stadt. Jedermann war zu Fuß oder zu Ross unterwegs zur Richtstätte. Der Rat von Lübeck sorgte sich, dass er zur Freilassung des Verurteilten genötigt und veranlasst werde, Eulenspiegel nicht hängen zu lassen. Etliche wollten sehen, wie er sein Ende nähme, nachdem er ein so abenteuerlicher Mensch gewesen war. Andere meinten, er kennte sich in der schwarzen Kunst aus und würde sich damit befreien. Der größte Teil gönnte ihm, dass er frei würde.

---

31 Das von der Stadt Lübeck gegen Till Eulenspiegel verhängte Todesurteil stand im Widerspruch zum damaligen Stadtrecht, wonach bei einem Diebstahl im Ratskeller der Dieb nur dann gehängt werden sollte, wenn das Gut einen Wert von 18 Pfennigen oder mehr hatte. Siehe W. Lindow, op. cit. S. 167, Anm. 7. – Der Vorfall ist ein weiteres Zeugnis für das Wagnis und Gefährdetsein des Schalkseins. – *Übers.*

Während der Fahrt zum Galgen vor die Stadt war Eulenspiegel ganz still und sprach kein Wort, sodass sich alle wunderten und meinten, er sei verzweifelt. Das Schweigen dauerte bis zu dem Galgen. Dort endlich machte er den Mund auf, rief den ganzen Rat zu sich und bat ihn ganz demütig, ihm eine Bitte zu gewähren. Er wolle die Herren weder um Leib noch Leben bitten, noch um Geld oder Gut, sondern um etwas Gutes, nach dem Tode zu tun, noch um ewige Messen, ewige Spenden oder ewiges Gedenken, sondern um eine geringe Sache, die ohne Schaden zu tun sei und die der ehrenhafte Rat von Lübeck leicht tun könne ohne einen Pfennig Kosten. Die Ratsherren traten zusammen und gingen darum über die Seiten seiner Bitte miteinander zu Rat. Sie einigten sich, ihr nachzukommen, nachdem er vorher ausdrücklich gesagt hatte, worum er nicht bitten wolle. So manche von ihnen verlangte es sehr zu erfahren, worum er bitten würde. Sie sagten ihm, dass sie seine Bitte erfüllen würden, sofern er nicht um Dinge bitten wolle, die er vorhin aufgezählt hatte. Sei er damit einverstanden, so wollten sie ihm seine Bitte gewähren.

Eulenspiegel sagte: „Um die Dinge, die ich vorhin aufgezählt habe, will ich Sie nicht bitten. Wollen Sie mir das halten, worum ich Sie bitte, so bestätigen Sie es mir durch Handschlag!" Das taten sie allesamt und versprachen es ihm mit Hand und Mund.

Da sagte Eulenspiegel: „Ehrenhafte Herren von Lübeck! Da Sie es mir versprochen haben, bitte ich Sie um dies: Wenn ich gehängt worden bin, sollen der Weinzapfer und der Henker jeden Morgen kommen, drei Tage hintereinander, der Weinschenk zuerst, der Henker nach ihm, und auf nüchternen Magen meinen Arsch küssen." Da spuckten sie aus und sprachen: „Das ist keine schickliche Bitte." Eulenspiegel sagte: „Ich halte den ehrenhaften Rat von Lübeck für so redlich, dass er hält, was er mir mit Hand und Mund zugesagt hat." Sie gingen miteinander darüber zu Rat und beschlossen, aus Gnade und anderer zu seinen Gunsten sprechender Tatsachen, ihn laufen zu lassen.

Da reiste Eulenspiegel nach Helmstedt, und man sah ihn nie wieder in Lübeck.

59. Eulenspiegel brachte einen kompetenten Täschnermeister, der sich der Mehrdeutigkeit der Wörter nicht bewusst wurde, eben auf diesem Wege dicht an den Rand des Ruins. Mit „große" Tasche meinte Eulenspiegel eine Geldtasche, die niemals leer wird.

Mit einer Tasche vollbrachte Eulenspiegel eine weitere List. In Helmstedt wohnte ein Täschner, zu dem kam Eulenspiegel und fragte ihn, ob er ihm eine große, hübsche Tasche machen wolle. Der Täschner sprach: „Ja, wie groß soll sie sein?" Eulenspiegel sagte, er möchte sie groß genug haben. Man trug zu jener Zeit große Taschen, die breit und weit waren. Der Täschner machte Eulenspiegel eine große Tasche. Als er kam und die Tasche besah, sprach er: „Die Tasche ist nicht groß genug, es ist ein Täschlein. Mach mir eine, die groß genug ist, die will ich dir gut bezahlen." Der Täschner fertigte ihm eine Tasche von einer ganzen Kuhhaut an und machte sie so groß, dass man ohne Weiteres ein einjähriges Kalb hätte hineintun können, sodass ein Mann daran zu schleppen hat.

Als Eulenspiegel kam, gefiel ihm die Tasche wieder nicht, und er sprach, die Tasche sei nicht groß genug. Mache er aber eine Tasche, die ihm groß genug sei, so wolle er ihm zwei Gulden im Voraus geben. Der Täschner nahm die zwei Gulden und fertigte ihm eine Tasche, bei der er drei Ochsenhäute verarbeitete, sodass drei Mann vollauf zu tun hatten, sie auf einem Traggestell zu schleppen; man hätte über ein Hektoliter Korn in die Tasche hineinschütten können – so riesig war sie.

Als Eulenspiegel beim Täschner wieder erschien, sprach er: „Meister, diese Tasche ist groß genug, aber die große Tasche, die ich meine, ist diese Tasche leider nicht. Ich will sie auch nicht, denn sie ist in ihrer Art noch zu klein. Wenn du mir aber die große Geldtasche machen könntest, aus der ich eine Münze herausnähme und zwei blieben stets darin liegen, sodass ich niemals ohne Geld wäre und nie an ihren Boden griffe, ja die würde ich dir abkaufen und bezahlen. Die Taschen, die du mir gemacht hast, sind leere Taschen, sie nutzen mir nichts. Ich muss volle Geldtaschen haben, anders kann ich zu den Leuten nicht kommen."

Mit diesen Worten ging er weg und ließ dem Täschner seine Taschen, und er sprach: „Verkaufst du sie gut, so kannst du alles behalten.“ Und die zwei im Voraus gezahlten Gulden ließ er ihm, der wohl für zehn Gulden Leder verschnitten hatte.

63. Eulenspiegel wurde vom Bischof von Trier in dessen Gefolge aufgenommen, indem er diesem bewusst machte, dass alle Herrschenden und Autoritätspersonen, sowohl weltliche wie auch geistliche, infolge von Geldgaben durch die Finger und nicht durch die Brillen sehen, was Recht ist.

Zornig und zwieträchtig waren die Kurfürsten untereinander, sodass es keinen römischen Kaiser oder König gab. Endlich wurde der Graf von Supplinburg von der Mehrheit der Kurfürsten zum römischen König gewählt; doch es gab unter ihnen auch andere, die das Reich mit Gewalt an sich reißen wollten. Daher musste dieser neu gewählte König sechs Monate vor Frankfurt lagern und warten, falls einer von den anderen ihn zu besiegen trachtete.

Da dieser König ein großes Heer zu Ross und zu Fuß versammelt hatte, überlegte Eulenspiegel, was es dort für ihn zu tun gäbe: „Dahin kommen fremde Herren, die lassen mich nicht unbeschenkt. Werde ich in eines ihrer Gefolge aufgenommen, so stehe ich mich gut." Und er machte sich auf den Weg.

Die Herren aus allen Landen zogen dorthin. Der Bischof von Trier mit seinem Gefolge begegnete in der Wetterau bei Friedberg Eulenspiegel auf dem Weg nach Frankfurt. Weil er seltsam gekleidet war, fragte ihn der Bischof, was für ein Geselle er sei. Eulenspiegel antwortete: „Gnädiger Herr, ich bin Brillenmacher und komme aus Brabant. Dort ist nichts für mich zu tun, und so wandere ich und suche Arbeit. Mit unserem Handwerk ist gar nichts los." Der Bischof sagte: „Ich meinte, mit deinem Handwerk geht es von Tag zu Tag aufwärts, da die Leute von Tag zu Tag kränker werden und ihre Sehkraft abnimmt, weshalb man viele Brillen braucht."

Eulenspiegel antwortete dem Bischof: „Ja, gnädiger Herr, Sie sprechen die Wahrheit, aber eins verdirbt unser Handwerk." Der Bischof fragte: „Was ist es?" - „Werden Sie zornig, wenn ich es Ihnen sage?", vergewisserte sich Eulenspiegel. - „Nein", sagte der Bischof, „wir sind das ja gewohnt von dir und deinesgleichen. Sag's nur frei heraus." - „Gnädiger Herr, was das Brillenhandwerk verdirbt, und es ist zu befürchten, dass es noch ausstirbt, ist, dass Sie und andere große Herren, Papst, Kardinal, Bischof, Kaiser, König, Fürst, der Rat, die Regierenden, Stadt- und Landrichter (Gott erbarm's) heutzutage durch die Finger sehen, was Recht ist. Das ist die Folge von Geldgaben. Aber in alten Schriften steht geschrieben, dass die Herren und Fürsten, soviel es sie gab, weltliche und geistliche Rechte zu lesen und zu studieren pflegten, damit niemandem Unrecht geschehe. Dazu brauchten sie viele Brillen, und da ging's unserem Handwerk gut. So studierten damals auch die Pfarrer mehr als jetzt; darum gingen die Brillen weg. Heutzutage sind sie von den Büchern, die sie kaufen, so gelehrt geworden, dass sie ihren Dienst auswendig können und ihre Bücher in vier Wochen nicht mehr als einmal aufschlagen. Deshalb ist unser Handwerk verdorben, und ich laufe von einem Land ins andere und kann nirgends Arbeit finden. Der Verfall ist so weit fortgeschritten, dass dies Durch-die-Finger-Sehen die Bauern auf dem Lande zu tun pflegen."

Der Bischof verstand den Klartext und sprach zu Eulenspiegel: „Folge uns nach Frankfurt, wir wollen dich in unser Gefolge aufnehmen und dir unser Wappen und unsere Kleidung geben." Das tat Eulenspiegel und blieb bei dem Herrn so lange, bis der Graf zum Kaiser bestätigt wurde. Dann zog er wieder nach Sachsen.

64. Ein Hildesheimer Geschäftsmann erwartete Dank von seiner mit dem Kochen überlasteten Frau, indem er Eulenspiegel als Koch einstellte. Doch gemäß der Einsicht, dass ein sogenanntes Gutes, dem man verfallen ist, böse Folgen entwickelt, wurde Eulenspiegel beinahe totgeschlagen und der Geschäftsmann um ein Haar ruiniert.

Rechts in der Straße, die in Hildesheim vom Heumarkt führt, wohnte ein reicher Kaufmann. Der ging einmal vor dem Tor spazieren und wollte in seinen Garten gehen. Unterwegs fand er auf einem grünen Acker Eulenspiegel liegen. Er grüßte ihn und fragte, was für ein Handwerksgeselle er sei und welche Geschäfte er triebe. Eulenspiegel antwortete ihm höflich mit verborgener List, dass er Koch sei und keinen Dienst habe. Da sagte ihm der Kaufmann: „Wenn du fleißig sein willst, nehme ich dich selbst auf und gebe dir neue Kleider und guten Lohn. Denn ich habe eine Frau, die vom tagtäglichen Kochen überfordert ist, und da meine ich, ihren Dank zu verdienen." Eulenspiegel versprach ihm große Treue und Beflissenheit.

Daraufhin stellte ihn der Kaufmann ein und fragte ihn, wie er hieße. „Herr, ich heiße Bartholomäus." Der Kaufmann sagte: „Das ist ein langer Name, er ist zu umständlich. Du sollst Doll[32] heißen." Eulenspiegel sprach: „Ja, lieber Herr, es ist mir gleich, wie ich heiße." – „Gut", sagte der Kaufmann, „du bist mir ein rechter Diener. Komm her, komm her, geh mit mir in meinen Garten! Wir wollen Kräuter mit uns heimtragen und junge Hühner damit füllen, denn ich habe für den nächsten Sonntag Gäste eingeladen, die ich gut bewirten möchte." Eulenspiegel ging mit ihm in den Garten und schnitt Rosmarin, womit er einen Teil der Hühner nach welscher Art, die anderen mit Eiern, Zwiebeln und sonstigen Kräutern füllen wollte. Dann gingen sie miteinander nach Hause.

Als die Frau den seltsam gekleideten Gast sah, fragte sie ihren Mann, was das für ein Geselle sei und was er mit ihm tun wolle; ob er besorgt sei, das Brot werde schimmlig. Der Kaufmann antwortete: „Frau, sei zu-

---

32 Der Name *Doll* ist keineswegs eindeutig, sondern weist eine widersprüchliche Bedeutungsvielfalt auf. – *Übers.*

frieden! Er soll dein Diener sein. Er ist Koch." Seine Frau sagte: „Ja, dann kann er wohl gute Sachen kochen." - „Sei zufrieden", sprach ihr Mann, „morgen sollst du sehen, was er kann."

Danach rief er: „Doll!" Eulenspiegel antwortete: „Herr!" - „Nimm eine Tasche und geh mit mir zu den Fleischbänken! Wir wollen Fleisch und einen Braten holen." Eulenspiegel ging mit ihm mit. Dort kaufte sein Herr Fleisch und einen Braten, und er sprach zu ihm: „Doll, setze den Braten morgen früh auf und lass ihn kühl und langsam braten, damit er nicht anbrennt. Das andere Fleisch setz auch rechtzeitig dazu, damit es zur Essenszeit gar ist." Eulenspiegel sagte ja, stand früh auf und setzte das Fleisch aufs Feuer. Den Braten aber steckte er an einen Spieß und legte ihn zwischen zwei Fässer Einbecker Bier in den Keller, damit er kühl liege und nicht anbrenne.

Da der Kaufmann den Stadtschreiber und andere Freunde zu Gast geladen hatte, kam er und wollte nachsehen, ob die Gäste schon gekommen und die Speisen auch bereit seien. Er fragte seinen neuen Diener danach. Der antwortete: „Es ist alles bereit außer dem Braten." - „Wo ist der Braten?", fragte der Kaufmann. „Er liegt im Keller zwischen zwei Fässern. Ich wusste keine kühlere Stelle im Haus, um ihn so zu legen, wie Sie gesagt hatten." - „Ist er denn auch zubereitet?", fragte der Kaufmann. „Nein", antwortete Eulenspiegel, „ich wusste nicht, wann Sie ihn haben wollten."

Unterdessen kamen die Gäste. Der Kaufmann erzählte ihnen von seinem neuen Diener und wie der den Braten in den Keller gelegt habe. Darüber lachten sie und machten sich einen guten Spaß daraus. Aber die Frau war um der Gäste willen damit nicht zufrieden und sagte ihrem Mann, er solle den Diener gehen lassen. Sie wolle ihn im Haus nicht länger haben, denn sie sähe, dass er ein Schalk sei. Der Kaufmann erwiderte: „Liebe Frau, sei zufrieden! Ich brauche ihn für eine Reise nach der Stadt Goslar. Wenn ich zurückkomme, werde ich ihn entlassen." Er konnte seine Frau nur mit Mühe überreden, sich damit abzufinden.

Als die Gesellschaft dann am Abend aß und trank und guter Dinge war, sagte der Kaufmann: „Doll, richte den Wagen her und schmier ihn! Morgen wollen wir nach Goslar fahren. Ein Pfarrer, Herr Heinrich Hamenstede, wohnt dort und will mitfahren." Eulenspiegel sagte ja und fragte, was für ein Öl er dazu nehmen solle. Der Kaufmann warf ihm einen Schilling zu und sprach: „Geh und kauf Wagenschmiere und lass meine Frau altes Fett dazutun." Das machte Eulenspiegel. Und als alle schliefen, beschmierte er den Wagen innen und außen, und am allermeisten die Sitze.

Frühmorgens stand der Kaufmann mit dem Pfarrer auf, und er befahl Eulenspiegel, die Pferde anzuspannen. Das tat er. – Sie saßen auf und fuhren eine Zeit lang dahin, als der Pfarrer ausrief: „Was Kruzifix ist es hier so fettig? Ich will mich festhalten, dass mich der Wagen nicht hin und her wirft, und beschmiere mir die Hände überall". Sie ließen Eulenspiegel anhalten und sagten ihm, sie seien beide hinten und vorne beschmiert, und wurden zornig auf ihn. Unterdessen kam ein Bauer mit einer Fuhre Stroh vorbei, der unterwegs zum Markt war. Dem kauften sie etliche Bündel ab, wischten damit den Wagen aus und saßen wieder auf. Da sagte der Kaufmann voller Zorn zu Eulenspiegel: „Du nutzloser Schalk! Dass dir niemals Glück geschehe! Fahr hin an den lichten Galgen!" Das tat Eulenspiegel. Als er unter den Galgen kam, hielt er abrupt an und spannte die Pferde aus. Da fragte ihn der Kaufmann: „Was hast du vor? Was beabsichtigst du damit, Schalk?" Eulenspiegel antwortete: „Sie befahlen mir, unter den Galgen zu fahren. Da sind wir. Ich meinte, wir wollten hier Rast machen." Der Kaufmann schaute aus dem Wagen: Sie hielten unter dem Galgen. Was sollten sie tun? Sie lachten über die Narretei und der Kaufmann sagte: „Spann wieder an, Schalk! Und fahr schnurstracks fort von hier und sieh dich nicht um!"

Da zog Eulenspiegel unbemerkt den Drehbolzen aus dem Landwagen heraus. Und nachdem er ein Stück Weges gefahren war, teilte sich der Wagen: Das Hintergestell mit dem Verdeck blieb stehen. Eulenspiegel aber fuhr allein weiter. Die Zurückgebliebenen riefen ihm nach und liefen, dass ihnen die Zunge aus dem Halse hing. Als sie ihn eingeholt hatten, wollte der Kaufmann ihn totschlagen, und der Pfarrer half ihm, so gut er konnte.

Trotz alledem, sie vollbrachten die Reise und kamen wieder nach Hause. Da fragte die Frau ihren Mann, wie die Reise gewesen sei. „Seltsam genug", antwortete der Kaufmann, „doch wir sind wieder zurück." Dann rief er Eulenspiegel und sagte: „Bursche, die Nacht bleib noch hier, iss und trink dich voll und morgen räum mir das Haus! Ich will dich nicht länger haben. Du bist ein treuloser Schalk, wo immer du auch herkommst." Eulenspiegel entgegnete: „Lieber Gott, ich tue doch alles, was man mir aufträgt und kann trotzdem nirgendwo Dank verdienen. Aber da Ihnen meine Dienste nicht gefallen, werde ich morgen Ihren Worten gemäß das Haus räumen und weiterwandern." - „Ja, tue das", sagte der Kaufmann.

Am nächsten Tag stand der Kaufmann auf und sagte zu Eulenspiegel: „Iss und trink dich satt, und dann trolle dich! Ich will in die Kirche gehen. Lass dich nicht wieder blicken!" Eulenspiegel schwieg. Sobald der Kaufmann aus dem Hause war, begann er zu räumen: Stühle, Tische, Bänke. Was immer er tragen und schleppen konnte, brachte er auf die Straße, auch Kupfer, Zinn und Wachs. Die Nachbarn wunderten sich, was das bedeuten sollte, dass man alles Hab und Gut auf die Straße brachte.

Dem Kaufmann wurde das mitgeteilt. Der kam ganz aufgebracht und rief: „Du eifriger Diener, was tust du hier? Finde ich dich noch hier?" - „Ja, Herr, ich wollte erst Ihren Wunsch erfüllen, denn Sie befahlen mir, das Haus zu räumen und danach weiterzuwandern." Und er sprach weiter: „Greifen Sie mit zu! Die Tonne ist mir zu schwer, ich kann sie allein nicht bewältigen." - „Lass liegen!", erwiderte der Kaufmann, „und scher dich zum Teufel! Es hat zu viel gekostet, als dass man's in den Dreck wirft." - „Lieber Herrgott!", rief Eulenspiegel aus, „ist das nicht ein großes Rätsel? Ich tue alles, was man mir befiehlt und kann trotzdem keinen Dank verdienen. Ich bin wahrhaftig in einer unglücklichen Stunde geboren." Damit verließ Eulenspiegel Hildesheim und ließ den Kaufmann wieder hineinschleppen, was er ausgeräumt hatte. Und die Nachbarn lachten noch lange darüber.

66. Eulenspiegel musste bei einer gegen ihn gerichteten Arglist eines Flötenmachers, dessen Eigenliebe gekränkt war, Lehrgeld zahlen, dankte ihm jedoch dafür und schlug daraus ein üppiges Mahl und eine Meisterschaft in der Listigkeit.

In Lüneburg wohnte ein Flötenmacher, der früher ein Landfahrer gewesen und als Zauberkünstler umhergezogen war. Als er einmal beim Bier saß, kam Eulenspiegel zu dem Gelage und hatte viel Gesellschaft um sich.

Da lud der Flötenmacher Eulenspiegel zu Gast in der Absicht, ihn zu verarschen. Er sprach zu ihm: „Komm morgen zu mir zu Mittag und iss mit mir, wenn du kannst." Eulenspiegel sagte zu, wusste aber nicht gleich, wie die Einladung gemeint war. Er kam am anderen Tag und wollte zum Pfeifenmacher zu Gast gehen. Als er vor die Haustür kam, war sie verschlossen und alle Fenster waren zu. Eulenspiegel ging vor der Tür hin und her, zwei- oder dreimal, so lange bis es Nachmittag wurde. Das Haus blieb stets zu. Da erkannte er, dass er sich hat anführen lassen. Er ging weg und schwieg darüber.

Am nächsten Tag ging Eulenspiegel zum Flötenmacher auf den Markt, und er sprach zu ihm: „Guter Mann, pflegst du auszugehen und die Haustür zu verschließen, wenn du Gäste einlädst?" Der Pfeifenmacher antwortete: „Hörtest du nicht, wie ich dich bat? Ich sagte, ‚Komm morgen zu Mittag und iss etwas mit mir, wenn du kannst.' Findest du die Haustür zugeschlossen, so kannst du nicht hineinkommen." Eulenspiegel sagte: „Hab Dank, das wusste ich noch nicht. Ich lerne noch alle Tage."

Der Flötenmacher lachte und sprach: „Ich will dich nicht zum Besten halten. Geh jetzt hin, meine Tür steht offen! Du findest Gekochtes und Gebratenes am Feuer. Geh schon vor, ich komme dir gleich nach! Du sollst allein sein, denn ich will außer dir keine weiteren Gäste haben."

„Das wird gut", dachte Eulenspiegel und ging eilig zum Haus des Pfeifenmachers, wo er alles so vorfand, wie jener es ihm gesagt hatte. Die Magd drehte den Braten und die Frau ging umher und richtete an. Eulenspiegel kam ins Haus und sagte der Frau, sie solle mit ihrer Magd schnell kommen, ihrem Mann helfen, einen großen Fisch, einen Stör, der ihm geschenkt worden sei, heimzutragen. Den Braten wolle er solange wenden. Die Frau sagte: „Ja, lieber Eulenspiegel, ich will mit der Magd gehen und schnell wiederkommen." Er sprach: „Geht gleich jetzt!"

Die Frau und die Magd liefen zum Markt. Da kam ihnen unterwegs der Pfeifenmacher entgegen und fragte sie, weshalb sie kämen. Sie antworteten, Eulenspiegel sei in das Haus gekommen und habe gesagt, ihm, dem Hausherrn, sei ein großer Stör geschenkt worden und sie sollten ihm helfen, den Fisch heimzutragen. Der Flötenmacher wurde zornig und sagte seiner Frau: „Konntest nicht im Haus bleiben! Er hat das nicht umsonst getan. Dahinter steckt eine List."

Inzwischen hatte Eulenspiegel das Haus zugeschlossen. Als der Pfeifenmacher und seine Frau mit der Magd vor das Haus kamen, fanden sie die Tür zu. Da sprach er zu seiner Frau: „Nun siehst du, was für einen Stör du holen solltest." Sie klopften an die Tür. Eulenspiegel ging an die Tür und sagte: „Lasst euer Klopfen! Ich lasse niemanden ein. Der Hausherr hat mir befohlen und zugesagt, ich solle allein im Hause sein. Er wolle außer mir keine weiteren Gäste haben. Geht weg und kommt nach dem Essen wieder!" Der Flötenmacher sprach: „Es ist wahr, das habe ich gesagt, aber ich meinte es nicht so. Lasst ihn essen! Ich will ihm dafür einen Streich spielen." Er ging mit seiner Frau und der Magd in das Haus des Nachbarn und wartete so lange, bis Eulenspiegel fertig war.

Eulenspiegel bereitete das Essen zu, stellte es auf den Tisch, aß tüchtig und füllte sich wieder nach, solange es ihm gut schien. Dann schloss er die Haustür auf und ließ sie offen stehen. Da kam der Flötenmacher und sagte: „Eulenspiegel, anständige Leute verhalten sich nicht wie du." Da sprach Eulenspiegel: „Sollte ich das zu zweit machen, was du mir allein zu tun befohlen hattest? Du hattest mich zu Gast gebeten und wolltest niemanden haben als mich allein. Hätte ich dir mehr Gäste gebracht, so hätte es dir nicht gefallen." Mit diesen Worten ging er aus dem Haus. Der Flötenmacher sah ihm nach und sagte: „Ich zahl es dir wieder heim, wie raffiniert du auch bist." Eulenspiegel erwiderte: „Wer das am besten kann, der sei Meister."

Da ging der Pfeifenmacher sofort zum Abdecker und sagte, im Gasthaus sei ein redlicher Mann, der Eulenspiegel heiße. Dem sei ein Pferd gestorben, das solle er abholen, und er zeigte ihm das Haus. Der Abdecker kannte den Flötenmacher und versicherte ihm, er werde es tun. Er fuhr mit dem Schinderkarren vor das Gasthaus, das der Pfeifenmacher ihm gezeigt hatte und fragte nach Eulenspiegel. Dieser kam vor die Tür und erkundigte sich, was er wolle. Der Abdecker antwortete, der Flötenmacher sei bei ihm gewesen und habe ihm gesagt, dass das Pferd eines gewissen Eulenspiegels gestorben sei. Das solle er abholen. Und er fragte ihn, ob er Eulenspiegel heiße und ob es sich so verhalte.

Da drehte sich Eulenspiegel um, zog die Hose herunter und riss den Arsch auf: „Sieh her! Sag dem Pfeifenmacher, sitzt Eulenspiegel nicht in dieser Gasse, so weiß ich nicht, wo er steckt!" Der Abdecker wurde zornig, fuhr mit dem Schinderkarren vor das Haus des Flötenmachers und ließ ihn da stehen. Vor dem Rat verklagte er den Pfeifenmacher, der ihm zehn Gulden geben musste.

Eulenspiegel aber sattelte sein Pferd und ritt aus der Stadt.

67. Eulenspiegel wurde durch seine Teilnahme an einer von einem Pfarrer durch Lug und Trug erwirkten Hochzeitsfeier zum indirekten Komplizen und verlor seine Geldtasche ahnungslos an die „Braut", die er mit seiner Reitkunst honoriert hatte.

Vor langer Zeit wohnte in Gerdau im Lande Lüneburg ein altes Bauernpaar, das an die fünfzig Jahre verheiratet war und ihre erwachsenen Kinder versorgt und verheiratet hatte. Zu der Zeit war auf der Pfarrstelle ein sehr listgewandter Pfarrer, der immer gern dort war, wo man prasste und schlemmte. Dieser Pfarrer machte es mit seinen Pfarrkindern so: Wenigstens einmal im Jahr musste ihn jeder Bauer zu Gast haben und ihn mitsamt seiner Haushälterin einen Tag oder zwei beherbergen und aufs Beste bewirten.

Nun hatten die zwei alten Leute viele Jahre lang keine Kirchweih, Kindtaufe oder eine andere festliche Bewirtung abgehalten, auf der der Pfarrer hätte schlemmen können. Das verdross ihn, und er dachte sich eine List aus, wie er den Bauern dazu bringen könnte, ihn einzuladen. Er schickte ihm einen Boten und ließ ihn fragen, wie lange er mit seiner Frau verheiratet sei. Der Bauer antwortete dem Pfarrer: „Lieber Herr Pfarrer, das ist so lange her, dass ich es vergessen hab." Der Pfarrer erwiderte darauf: „Das ist ein gefährlicher Zustand für euer Seelenheil. Denn solltet ihr fünfzig Jahre verheiratet sein, so ist das Eheversprechen erloschen, wie das Gelübde eines Mönchs im Kloster. Sprich darüber mit deiner Frau, komm dann wieder und berichte mir davon, damit ich euch hinsichtlich eures Seelenheils mit Rat beistehe, zu dem ich euch und allen meinen Pfarrkindern verpflichtet bin."

Das tat der Bauer, überdachte es mit seiner Frau, konnte aber dem Pfarrer keine genaue Zahl ihrer Ehejahre nachweisen. Und beide kamen mit großer Besorgnis zum Pfarrer, ihnen wegen ihrer Ehrlosigkeit guten Rat in der Sache zu geben. Der Pfarrer sagte: „Weil ihr keine genaue Zahl wisst, will ich euch aus Sorge um eure Seelen am nächsten Sonntag aufs Neue vermählen, wenn ihr nicht mehr verheiratet sein solltet, um sicher zu sein, dass ihr es wieder seid. Und darum schlachtet einen guten Ochsen, ein Schaf und Schwein, bittet eure Kinder und guten Freunde zu diesem Essen und bewirtet sie, so will ich auch bei euch sein." – „Ach ja, lieber Pfarrer, das werden wir tun. Es soll mir an sechzig Stück Hühnern nicht liegen. Sollten wir so lange verheiratet gewesen und es jetzt nicht mehr sein, so wäre das nicht gut."

Damit ging er heim und begann mit den Vorbereitungen. Der Pfarrer lud zu diesem Essen etliche Prälaten und Pfarrer ein, mit denen er bekannt war. Unter ihnen war der Prior von Ebstorf, der stets ein stattliches Pferd oder zwei hatte und auch gern an Festessen teilnahm. Bei dem war Eulenspiegel eine Zeit lang gewesen, und der Prior sprach zu ihm: „Setz dich auf meinen jungen Hengst und reit mit, du sollst willkommen sein." Das tat Eulenspiegel. Als sie ankamen, aßen und tranken sie und waren fröhlich. Die alte Frau, welche die Braut sein sollte, saß oben am Tisch, wo Bräute zu sitzen pflegen. Und als sie müde und schläfrig wurde, ließ man sie hinaus. Sie ging hinter ihren Hof an den Fluss Gerdau und setzte ihre Füße ins Wasser. Unterdessen ritten der Prior und Eulenspiegel an ihr vorbei heim nach Ebstorf, und Eulenspiegel zollte der Braut auf dem jungen Hengst Respekt mit schönen Sprüngen. Er machte so viele davon, dass ihm seine Gürteltasche, wie man sie damals zu tragen pflegte, von der Seite fiel. Die Frau bemerkte das, stand auf, nahm die Geldtasche und setzte sich darauf an dem Bach. Als Eulenspiegel ein Stück Weges weitergeritten war, vermisste er seine Tasche. Kurzerhand ritt er wieder nach Gerdau und fragte die gute alte Bäuerin, ob sie nicht eine alte Tasche aus rauem Fell gesehen oder gefunden habe. Die alte Frau antwortete: „Ja, Freund, an meiner Hochzeit bekam ich eine raue Tasche, die hab ich noch und sitz darauf. Ist es die?" – „Oho, das ist lange her", sagte Eulenspiegel, „dass du eine Braut warst. Das muss jetzt schon eine alte, eingerostete Tasche sein. Ich begehr deine alte Tasche nicht."

Aber Eulenspiegel, wie listig er auch war, wurde dennoch von der alten Bäuerin geprellt und musste seine Tasche entbehren.

Dieselben rauen Brauttaschen haben die Frauen von Gerdau heute noch. Ich glaube, die alten Witwen dort haben sie in Verwahrung. Wem etwas daran liegt, der möge danach fragen.

68. Eulenspiegel prellte einen obrigkeitshörigen Bauern um ein grünes Londoner Tuch, der wider seine eigene Urteilskraft, der Aussage eines Priesters Glauben schenkte.

Eulenspiegel wollte jedes Mal gebratenes und gekochtes Fleisch essen. Darum musste er sehen, woher er das nahm. Einst kam er auf den Jahrmarkt nach Uelzen, wohin auch viele Wenden und andere Bauersleute kamen. Dort ging er hin und her und sah sich überall um, was da zu erlangen war. Unter anderem sah er, dass ein Bauer ein grünes Londoner Tuch kaufte und damit nach Hause wollte. Da dachte sich Eulenspiegel einen Plan aus, wie er den Bauern um das Tuch betrügen könne. Er frage nach dem Dorf, wo der Bauer wohnte, nahm mit sich einen irischen Benedektiner-Mönch, der ein zum Landstreicher herabgesunkener Wanderprediger war, und einen sittenlosen Gesellen und ging mit ihnen aus der Stadt auf den Weg, den der Bauer entlang kommen musste. Eulenspiegel erklärte ihnen seinen Plan, wie sie mit dem Bauern umgehen und ihm sagen sollten, dass das grüne Tuch blau sei, wenn dieser damit komme. Einer sollte immer eine halbe Ackerlänge Weges von dem anderen entfernt sein und beide sollten stadtwärts gehen.

Als der Bauer mit dem Tuch aus der Stadt kam und es nach Hause tragen wollte, sprach ihn Eulenspiegel an, wie er das schöne blaue Tuch erworben habe. Der Bauer antwortete, es sei grün und nicht blau. Eulenspiegel erwiderte, es sei blau, darauf wolle er zwanzig Gulden setzen. Der nächste Mensch, der des Weges käme und grün von blau unterscheiden könne, solle ihm das zu ihrer Zufriedenheit bestimmen. Da gab Eulenspiegel dem ersten seiner Kumpanen ein Zeichen zu kommen. Zu dem sprach der Bauer: „Freund, wir zwei sind uneins über die Farbe dieses Tuches. Sag die Wahrheit, ob dies grün oder blau ist. Was du uns sagst, dabei wollen wir es bewenden lassen." Der fing zu reden an und sagte: „Das ist ein recht schönes blaues Tuch." Der Bauer widersprach: „Nein, Ihr seid zwei Schälke; ihr habt es vielleicht miteinander darauf angelegt, mich zu betrügen." Da sprach Eulenspiegel: „Na gut, damit du siehst, dass ich recht habe, will ich nachgeben und es diesem frommen

Priester überlassen, der da herkommt. Was er uns sagt, das soll endgültig sein." Damit war auch der Bauer zufrieden.

Als der Priester näher gekommen war, sprach Eulenspiegel: „Herr, sagen Sie aufrichtig, welche Farbe hat dieses Tuch?" Der Priester antwortete: „Freund, das siehst du doch selber." Der Bauer sprach: „Ja, Herr, das ist wahr, aber die zwei wollen mir etwas einreden, von dem ich weiß, dass es gelogen ist." Der Priester entgegnete ihm: „Was hab ich mit eurem Streit zu schaffen? Was frag ich danach, ob es schwarz oder weiß ist?" - „Ach, lieber Herr", sagte der Bauer, „entscheiden Sie, wer von uns recht hat, ich bitte Sie darum." - „Wenn ihr das so haben wollt", sprach der Priester, „so kann ich nicht anderes erkennen, als dass das Tuch blau ist." - „Hörst du das"? sprach Eulenspiegel, „das Tuch ist mein." Der Bauer sagte: „Wahrhaftig, Herr, wenn Sie nicht ein geweihter Priester wären, so meinte ich, dass Sie lügen und dass Ihr alle drei Schälke seid. Aber da Sie Priester sind, muss ich Ihnen das glauben." Und er überließ Eulenspiegel und seinen Kumpanen das Tuch, womit sie sich für den Winter einkleideten. Der Bauer musste in seinem zerrissenen Mantel gehen.

70. Till sorgte auf dem Markt von Bremen für Unterhaltung, indem er einen enthemmten Massenstreit unter leichtgläubigen Bäuerinnen entfesselte, denen er vorgab, ihre Milch abkaufen zu wollen.

Seltsame und spaßige Dinge trieb Eulenspiegel in Bremen. Denn einst kam Eulenspiegel dort auf den Markt und sah, dass die Bäuerinnen viel Milch zu Markte brachten. Er wartete auf einen neuen Markttag, und wieder kam viel Milch. Da besorgte er sich einen großen Bottich, setzte ihn auf den Markt und kaufte alle Milch, die auf den Markt kam. Die Milch ließ er in die Bütte gießen und schrieb jeder Frau reihum die Menge an, der einen so viel, der anderen so viel und so immer weiter. Zu den Frauen sagte er, sie sollten so lange warten, bis er die Milch beieinander habe; dann wolle er jeder Frau ihre Milch bezahlen.

Die Frauen saßen einen Ring bildend auf dem Markt und Eulenspiegel kaufte so viel Milch, bis keine Frau mehr mit Milch kam und der Zuber auch beinahe voll war. Dann kam Eulenspiegel zu den Frauen, um einen Spaß zu machen und sagte: „Ich habe diesmal kein Geld. Wer nicht vierzehn Tage warten will, mag die Milch wieder aus dem Bottich nehmen", und mit diesen Worten ging er weg.

Die Bäuerinnen machten ein Geschrei und gerieten in Streit. Eine behauptete, sie habe so viel gehabt, die andere so viel, die dritte desgleichen und so ging es weiter, bis sich die Frauen darüber mit den Eimern, Gefäßen und Flaschen an die Köpfe warfen und schlugen. Sie gossen einander die Milch in die Augen, auf die Kleider und die Erde, sodass es aussah, als hätte es Milch geregnet. Die Bürger und alle diejenigen, die das sahen, lachten über die Ausgelassenheit, dass die Frauen so zu Markte gingen. Und Eulenspiegel wurde seiner Listigkeit wegen sehr gelobt.

71. Eulenspiegel rettete zwölf obdachlose Blinde vor dem sicheren Tod durch Erfrieren, ohne einen einzigen Pfennig auszugeben. Er wandte dabei die Maxime „Säe Zwist und herrsche!“ auf den Wirt und Pfarrer an, verwischte aber zudem mit einem perfekten Alibi hinter sich die Spuren, sodass sein Vorgehen nach seinem Verschwinden nicht durchschaut wurde.

Als Eulenspiegel kreuz und quer durch die Länder zog, kam er auf eine Zeit wieder nach Hannover, wo er viel Außergewöhnliches trieb. Einmal ritt er vor dem Stadttor ein Stück Weges spazieren. Da begegneten ihm zwölf Blinde. Als er zu ihnen kam, fragte er: „Woher, ihr Blinden?“ Die Blinden blieben stehen und hörten, dass er auf einem Pferd saß. Daher meinten sie, es wäre ein vornehmer Herr, zogen ihre Hüte und Mützen und antworteten: „Lieber Herr, wir sind in der Stadt gewesen. Da ist ein reicher Mann gestorben, ihm hielt man ein Seelenamt, und es gab Spenden.“ Es war grässlich kalt. Da sagte Eulenspiegel zu den Blinden: „Es ist bitterkalt, und ich fürchte, dass ihr erfriert. Seht her, hier habt ihr zwölf Gulden, geht wieder in die Stadt, in das Gasthaus, von dem ich geritten komme“, und er beschrieb ihnen das Haus. „Und um meinetwillen lebt dort von diesen zwölf Gulden so lange, bis die kalte Winterszeit vorüber ist und ihr wieder weiterwandern könnt.“ Die Blinden standen da, verneigten sich und dankten ihm zutiefst. Und jeder Blinde meinte, der andere hätte das Geld, und der zweite meinte, der dritte hätte es, und so fort bis zum letzten, der glaubte, das Geld hätte der erste.

Also gingen sie in die Stadt zu dem Gasthaus, wohin sie Eulenspiegel gewiesen hatte. Als sie in die Gaststätte kamen, sagten die Blinden, sie seien unterwegs einem guten Mann auf einem Pferd begegnet, der ihnen Gott zuliebe zwölf Gulden geschenkt habe. Die sollten sie um seinetwillen verzehren, bis der Winter vorüber sei. Der Wirt war gierig nach dem Geld und nahm sie dafür auf. Allerdings bedachte er nicht, die Blinden zu fragen und nachzusehen, wer von ihnen die zwölf Gulden hatte. Er sagte: „Ja, meine lieben Leute, ihr werdet es gut bei mir haben.“ Er schlachtete, bereitete zu und kochte für die Blinden und ließ sie so lange in seiner Wirtschaft essen, bis es ihm schien, dass sie die zwölf Gulden verzehrt hätten. Da sprach er: „Liebe Leute, wir wollen abrechnen, die zwölf Gulden sind so gut wie verzehrt."

Die Blinden waren einverstanden, und ein jeder fragte den anderen, ob er die zwölf Gulden habe, den Wirt zu bezahlen. Der erste hatte die Gulden nicht, der zweite hatte sie auch nicht, der dritte ebenfalls nicht, und der vierte desgleichen, sie alle, vom ersten bis zum letzten, hatten die zwölf Gulden nicht. Die Blinden redeten und kratzten sich die Köpfe, denn sie waren betrogen worden; der Wirt war es auch. Der saß und überlegte: „Lässt du sie gehen, so werden dir deine Kosten nicht bezahlt; behältst du sie, so fressen und verzehren sie noch mehr, und da sie ohnehin nichts haben, so hast du doppelten Schaden." Mit Schlägen trieb er sie hinten in den Schweinestall, schloss sie darin ein und setzte ihnen Stroh und Heu vor.

Nach einiger Zeit dachte Eulenspiegel: „Die Blinden sollten jetzt das Geld verbraucht haben." Er verkleidete sich und ritt in die Stadt zu dem Wirt des Gasthauses. Als er in den Hof kam und sein Pferd im Stall anbinden wollte, sah er, dass die Blinden im Schweinestall lagen. Da ging er in das Haus und fragte den Wirt: „Herr Wirt, was denken Sie sich dabei, dass die armen Leute so im Stall liegen? Erbarmt es Sie nicht, dass die Blinden essen, wovon ihnen Leib und Leben wehtun?" Der Wirt erwiderte: „Ich wünschte, sie wären dort, wo alle Wasser zusammenfließen, auf dem Meeresgrund. Wären meine Kosten nur bezahlt!" Und er erzählte ihm alles, wie er mit den Blinden betrogen worden war. Eulenspiegel fragte: „Wie, Herr Wirt, können Sie sich keinen Bürgen beschaffen?" Der Wirt dachte bei sich: „O, hätte ich jetzt einen." Und er sprach: „Freund, könnte ich einen zuverlässigen Bürgen bekommen, den nähme ich und ließe die unseligen Blinden laufen." Eulenspiegel sagte: „Gut, ich will mich in der Stadt umhören und sehen, dass ich für Sie einen Bürgen finde."

Eulenspiegel ging zum Pfarrer und sprach: „Mein lieber Herr Pfarrer, helfen Sie doch bitte wie ein guter Freund. Mein Wirt hier ist in dieser Nacht vom bösen Geist befallen worden und lässt Sie bitten, ihm diesen auszutreiben." Der Pfarrer sagte zu, der Wirt müsse aber einen Tag oder zwei warten, solche Dinge dürfe man nicht übereilen. Eulenspiegel sagte ihm indes: „Ich will gehen und seine Frau holen, damit Sie es ihr selber sagen." Der Pfarrer sprach: „Ja, lassen Sie sie herkommen."

Da ging Eulenspiegel wieder zu seinem Wirt und sagte: „Ich habe Ihnen einen Bürgen gefunden, das ist Ihr Pfarrer. Er will dafür einstehen und Ihnen geben, was Sie bekommen sollen. Lassen Sie Ihre Frau mit mir zu ihm gehen, denn er will es ihr zusagen." Der Wirt war damit einverstanden und froh, das zu hören, und er schickte seine Frau mit ihm zum Pfarrer. Eulenspiegel sprach dort sogleich: „Herr Pfarrer, hier ist die Frau. Sagen Sie ihr nun selber, was Sie mir gesagt und versprochen haben." Der Pfarrer sprach: „Ja, liebe Frau, gedulden Sie sich einen Tag oder zwei, dann helfe ich ihm." Die Frau war damit zufrieden, ging mit Eulenspiegel wieder nach Haus und sagte es ihrem Mann. Der war froh, sprach die Blinden ihrer Schulden frei und ließ sie gehen. Eulenspiegel machte sich auch reisefertig und verschwand unauffällig.

Am dritten Tag ging die Frau hin und mahnte den Pfarrer wegen der zwölf Gulden, die die Blinden verzehrt hatten. Der Pfarrer fragte: „Liebe Frau, hat Ihnen Ihr Mann das so aufgetragen?" Die Frau bejahte es. Da sagte ihr der Pfarrer: „Das ist die Eigenschaft böser Geister, dass sie Geld haben wollen." Die Frau entgegnete: „Das ist kein böser Geist, bezahlen Sie ihm die Kosten!" Der Pfarrer erwiderte: „Mir wurde gesagt, Ihr Mann sei vom bösen Geist besessen. Holen Sie ihn mir her! Ich will ihn mit Gottes Hilfe davon befreien." Die Frau sagte: „So pflegen Narren zu handeln, die lügen, wenn sie bezahlen sollen. Ist mein Mann vom bösen Geist besessen, so sollen Sie das heute noch zu spüren bekommen!"

Und sie lief nach Hause und erzählte ihrem Mann, was der Pfarrer gesagt hatte. Der Wirt bewaffnete sich mit Spießen und Hellebarden und lief zum Pfarrhof. Der Pfarrer sah das, rief seine Nachbarn zu Hilfe, bekreuzigte sich und sagte: „Kommt mir zu Hilfe, meine lieben Nachbarn! Seht, dieser Mensch ist vom bösen Geist besessen!" Der Wirt schrie: „Pfarrer, erinnere dich und bezahl mich!" Der Pfarrer stand da und bekreuzigte sich. Der Wirt wollte den Pfarrer schlagen, doch die Bauern kamen dazwischen und konnten die beiden nur mit großer Mühe auseinander bringen.

Und solange der Wirt und der Pfarrer lebten, mahnte der Wirt den Pfarrer wegen der Kosten, worauf der Pfarrer stets entgegnete, er sei ihm nichts schuldig. Außerdem sei er von einem bösen Geist besessen, von dem er ihn im Nu befreien wolle. Das währte, solange die beiden lebten.

73. Eulenspiegel veranschaulichte den sich der Weltoffenheit verweigernden Ratsherren einer Hansestadt das Unproduktive ihres einförmigen, statischen Ordnungsprinzips durch die Aktion des Schälke-Säens mit Steinsamen. Doch der Rat fühlte sich dadurch lediglich provoziert und verwies Eulenspiegel der Stadt.

Bald danach kam Eulenspiegel in eine Stadt an der Weser und sah alle Geschäftsaktivitäten und -vorhaben unter den Bürgern, sodass er ihre Geschäftspraxis kennenlernte und wusste, wie es um ihren Handel stand. Er hatte dort vierzehn Unterkünfte, und was er in dem einen Haus vorfand, das fand er auch in dem anderen vor. Er hörte und sah nichts, was er nicht schon zuvor am Ort gehört oder gesehen hatte.[33] Die Bürger wurden seiner überdrüssig, und er wurde ihrer auch müde.

Da sammelte er am Fluss kleine Kieselsteine und ging damit die Straße vor dem Rathaus auf und ab und säte seine Saat nach beiden Seiten. Da kamen fremde Kaufleute hinzu und fragten ihn, was er säe. Eulenspiegel antwortete: „Ich säe Schälke." Die Kaufleute sprachen: „Die brauchst du hier nicht zu säen, davon gibt es hier mehr, als gut ist." Eulenspiegel sagte: „Das ist wahr, aber sie sitzen hier in den Häusern, wo sie doch hinaus ins Freie kommen sollten." Die Kaufleute fragten: „Warum säst du hier nicht einfallsreiche Leute?" Eulenspiegel antwortete: „Einfallsreiche Leute gehen hier nicht auf."

Diese Worte kamen vor den Rat. Eulenspiegel wurde in Form eines Befehls aufgefordert, seine Samen wieder aufzusammeln und sich aus der Stadt zu scheren. Das tat er, und er kam nach zehn Meilen an eine andere Stadt und wollte mit der Saat nach Dithmarschen. Aber die Rede über ihn war vor ihm in der Stadt angekommen. Er durfte nur in die Stadt

33 Eine gleichförmige Ordnung ist Ausdruck von Eindeutigkeit, deren Einführung und Aufrechterhaltung auf Intoleranz, Zwang und Gewalt beruht. In diesem Zusammenhang siehe Ulrich Mauch, *Jesus und die List,* Zürich, (Theol. Verlag), 1. Aufl. 2001. Peter von Matt, „Lachen in der Literatur", in: *Das Schicksal der Phantasie*, München, Wien (Carl Hanser Verlag) 1994, S. 91-101, hier besonders S. 97. Auch Jörg Baberowski / Anselm Doering-Manteuffel, *Ordnung durch Terror*, Bonn, (Dietz-Verlag) 1. Aufl. 2006.

kommen, wenn er versprach, sie mit seiner Saat ohne Aufenthalt zu passieren. Da es nun anders nicht sein konnte, so mietete er ein kleines Schiff und wollte den Sack Samen mit dem Kran darauf heben lassen. Als der Sack aber vom Erdboden hochgezogen wurde, riss er mitten entzwei, sodass die Saat[34] und der Sack dort blieben.

Eulenspiegel ging weg und soll noch wiederkommen.

---

34 Der Trickster ist mythologisch die Personifikation eines Steinhaufens. - *Übers.*

80. Ein ärgerlicher Wirt wollte Eulenspiegel wegen einer von diesem nicht verzehrten Mahlzeit den Bratengeruch als eine solche anrechnen. Eulenspiegel gelang es, sie ihm mit gleicher Münze zu bezahlen.

Eulenspiegel wohnte eine lange Zeit in einer Gaststätte in Köln. Einmal passierte es, dass man das Frühstück spät zum Feuer brachte, sodass es Mittag wurde, ehe man die Kost servierte. Eulenspiegel verdross es sehr, dass er so lange nicht essen sollte. Der Wirt sah es ihm an, dass es ihn verstimmte, und er sprach zu ihm: „Wer nicht warten kann, bis die Kost gereicht wird, der möge essen, was er hat." Eulenspiegel setzte sich an den Herd und aß eine Semmel auf.

Und dann schlug es zwölf Uhr Mittag: Der Tisch wurde gedeckt, das Essen darauf gebracht, der Wirt setzte sich mit den Gästen an den Tisch, doch Eulenspiegel blieb in der Küche sitzen. Der Wirt fragte ihn: „Wie, willst du dich nicht zu Tisch setzen?" – „Nein", antwortete der, „ich mag nicht essen, ich bin durch den Geruch des Bratens satt geworden. Der Wirt schwieg und aß mit den Gästen. Nach der Mahlzeit bezahlten diese ihre Rechnungen und der eine reiste weiter, der andere blieb, und Eulenspiegel saß bei dem Feuer.

Da kam der Wirt mit dem Rechenbrett und sagte im Zorn zu Eulenspiegel, er solle zwei kölnische Weißpfennige für das Essen auslegen. Eulenspiegel entgegnete: „Herr Wirt, sind Sie solch ein Mann, der von einem Geld nimmt, der hier Ihre Speise nicht isst?" Der Wirt wiederholte feindselig, er solle das Geld hergeben. Habe er auch nichts gegessen, so sei er doch satt geworden. Er habe bei dem Braten gegessen, das sei soviel, als habe er am Tisch gesessen und gegessen. Das wolle er ihm als eine Mahlzeit anrechnen. Da zog Eulenspiegel einen kölnischen Weißpfennig hervor, warf ihn auf die Bank und fragte: „Herr Wirt, hören Sie diesen Klang?" Der Wirt antwortete: „Diesen Klang höre ich wohl." Eulenspiegel war sofort bei dem Pfennig, steckte ihn wieder in die Tasche, und sagte: „Soviel wie Ihnen der Klang des Pfennigs hilft, soviel hilft mir der Geruch des Bratens in meinem Bauch." Der Wirt wurde unwirsch, denn er wollte den Weißpfennig haben, und Eulenspiegel wollte ihm den nicht geben, sondern das Amtsgericht entscheiden lassen. Der Wirt gab es auf und verzichtete darauf. Und da er befürchtete, dass er es ihm heimzahlen würde, schenkte er ihm die Zeche und ließ ihn gehen.

Eulenspiegel verließ das Rheinland und zog wieder nach Sachsen.

82. Eulenspiegel gab auf Wunsch einer Wirtin ihrem Schoßhund auf seine eigenen Kosten Bier zu trinken, hielt sich an ihre Geschäftsvorschriften, und wie sich das alles auf die Wirtin zurückwirkte.

Eulenspiegel kam in ein Dorf bei Staßfurt in einen Gasthof und fand dort die Wirtin allein. Diese hatte ein folgsames Hündchen, das sie sehr liebte. Es musste ihr immer auf dem Schoß liegen, wenn es sich ausruhen wollte. Die Frau hatte den Hund daran gewöhnt, ihm auch Bier in eine Schüssel zu geben, wenn sie Bier trank.

Als nun Eulenspiegel am Feuer saß und aus der Kanne trank, stand der Hund auf, schmeichelte sich an Eulenspiegel heran und begann an seinem Hals hochzuspringen. Das sah die Wirtin, und sie sprach: „Ach, geben Sie ihm auch zu trinken in der Schüssel! Das meint er damit." Eulenspiegel sagte zu ihr: „Gern." Die Wirtin ging, um sich den Dingen zu widmen, die sie zu erledigen hatte. Eulenspiegel trank und gab dem Hund auch zu trinken in der Schüssel und legte noch einen Bissen Fleisch hinein, sodass der Hund satt wurde, sich ans Feuer legte und sich ausstreckte, so lang er war.

Bald danach sagte Eulenspiegel zu der Wirtin: „Wir wollen abrechnen", und fragte sie: „Liebe Wirtin, wenn ein Gast Ihr Essen isst und von Ihrem Bier trinkt und kein Geld hat, borgen Sie dem Gast?" Sie ahnte nicht, dass er den Hund meinen könnte, sondern dachte, er selbst sei der Gast, und antwortete ihm: „Herr Gast, man borgt hier nicht, man muss Geld geben oder ein Pfand." Eulenspiegel sprach: „Damit bin ich für meinen Teil zufrieden; ein anderer sorge für das Seine." Dann ging die Wirtin weg. Und sobald Eulenspiegel es zuwege bringen konnte, nahm er den Hund unter den Mantel und ging mit ihm in den Stall. Dort zog er ihm das Fell ab und ging wieder in das Haus zum Feuer und hatte das Fell des Hundes unter dem Mantel. Dann bat Eulenspiegel die Wirtin, zu ihm zu kommen und sagte ihr abermals: „Lassen Sie uns abrechnen!"

Die Wirtin rechnete, und Eulenspiegel legte die Hälfte der Zeche hin. Da fragte die Wirtin, wer die andere Hälfte bezahlen solle, er habe das Bier doch allein getrunken. Eulenspiegel erwiderte: „Nein, ich habe es nicht allein getrunken, ich hatte einen Gast. Der trank mit, und der hat kein Geld, aber er hat ein gutes Pfand; der soll die andere Hälfte bezahlen." Die Wirtin fragte: „Was ist das für ein Gast? Was für ein Pfand haben Sie?" Eulenspiegel antwortete: „Das ist sein allerbester Mantel, den er anhatte." Und er zog das Hundefell unter dem Mantel hervor und sprach: „Sehen Sie, Wirtin, das ist der Mantel des Gastes, der mit mir trank."

Die Wirtin erschrak und sah, dass es das Fell ihres Hundes war. Sie wurde zornig und rief: „Dass dir niemals Glück geschehe! Warum hast du meinen Hund abgezogen?" Und sie fluchte. Eulenspiegel sprach: „Wirtin, das ist Ihre eigene Schuld, fluchen Sie nur. Sie sagten mir selber, ich solle dem Hund einschenken. Und ich sagte, der Gast habe kein Geld. Sie wollten ihm nicht borgen, Sie wollten Geld oder Pfand haben. Da er kein Geld hatte, das Bier aber zu bezahlen war, musste er den Mantel als Pfand lassen. Den nehmen Sie jetzt für sein Bier, das er getrunken hat."

Die Wirtin wurde noch zorniger und befahl ihm, aus dem Haus zu gehen und niemals wiederzukommen. Eulenspiegel erwiderte: „Aus dem Haus werde ich nicht gehen, sondern reiten." Und er sattelte sein Pferd und ritt zum Tor hinaus und sprach: „Wirtin, bewahren Sie das Pfand so lange auf, bis ich Ihr Geld zusammengebracht habe, dann will ich noch einmal ungeladen wiederkommen. Trink ich dann mit Ihnen nicht, brauche ich auch kein Bier zu bezahlen."

83. Der zur Wirtin in der vorigen Historie zurückgekehrte Eulenspiegel entlockte dieser Frau listig ihre wahre Gesinnung und narrte sie erneut.

Hört, was Eulenspiegel nächstens in dem Dorf bei Staßfurt getrieben hat! Er verkleidete sich und ging wieder in das vorige Wirtshaus. Im Hof sah er ein Rad stehen. Er legte sich oben auf das Rad, wünschte der Wirtin einen guten Tag und fragte, ob sie nicht etwas von Eulenspiegel gehört habe. Sie antwortete: „Was soll ich von dem Schalk gehört haben? Ich möchte ihn nicht mal nennen hören." Eulenspiegel sprach: „Frau, was hat er Ihnen denn getan, dass Sie ihm so böse sind? Zugegeben, wo er hinkam, ging er nicht ohne List." Die Frau sagte: „Das hab ich gemerkt. Er kam auch hierher, tötete mir meinen Hund und gab mir das Fell fürs Bier, das dieser getrunken hatte." Eulenspiegel sprach: „Frau, das war keine gute Tat." Die Wirtin sagte: „Es wird ihm auch schlecht ergehen." Er sprach: „Frau, das ist schon geschehen, er liegt auf dem Rad."[35] Die Wirtin sagte: „Gott sei gelobt!" Eulenspiegel sprach: „Ich bin es. Ade, ich reise weiter."

---

35 Das Rädern war bis ins 19. Jh. eine Vollstreckungsart der Todesstrafe, v. a. bei Mord und Raub. Die Glieder wurden dabei mit einem Rad zerschlagen, der Körper in die Speichen des Rades „geflochten". – *Übers.*

84. Eulenspiegel verhielt sich gegenüber einer Wirtin gemäß ihrer konformen, ihn verkennender Vorstellung und verhalf ihr damit nach dem Prinzip „Der Mensch lernt durch Leid allein" zur wirklichen Erkenntnis.

Üble und zornige Nachreden bringen bösen Lohn. Als Eulenspiegel von Rom zurückreiste, kam er in ein Dorf, in dem ein großer Gasthof war. Der Wirt war nicht zu Hause. Da fragte Eulenspiegel die Wirtin, ob sie auch Eulenspiegel kenne. Die Wirtin sagte: „Nein, ich kenne ihn nicht, aber ich habe von ihm gehört, dass er ein ausgemachter Schalk sei." Eulenspiegel fragte: „Liebe Wirtin, warum sagen Sie, dass er ein Schalk ist, obwohl Sie ihn nicht kennen?" Die Frau antwortete: „Was macht's, dass ich ihn nicht kenne? Das spielt doch keine Rolle; die Leute sagen, er sei ein böser Mensch." Eulenspiegel fragte: „Liebe Frau, hat er Ihnen jemals etwas zuleide getan? Dass er ein Schalk ist, haben Sie vom Hörensagen." Die Frau erwiderte: „Ich sage, was ich von den Leuten gehört habe, die bei mir aus- und eingehen." Eulenspiegel schwieg.

Am nächsten Morgen stand er ganz früh auf und scharrte die heiße Asche auseinander. Dann ging er zu ihrem Bett, hob die noch schlafende Wirtin auf und setzte sie mit dem bloßen Arsch auf die heiße Asche, sodass sie sich ihn ordentlich verbrannte, und er sprach: „Sehen Sie, Frau Wirtin, nun können Sie von Eulenspiegel mit Gewissheit sagen, dass er ein Schalk ist. Jetzt spüren Sie es und haben ihn gesehen. Daran können Sie ihn erkennen." Die Frau schrie vor Schmerzen. Eulenspiegel ging aus dem Haus, lachte und sprach: „So soll man die Romfahrt vollbringen."

86. Ohne sich selbst dabei zu exponieren, demütigte Eulenspiegel einen hochmütigen holländischen Kaufmann, der ihn als Bauern einschätzte und gemein behandelte.

Recht und redlich zahlte es Eulenspiegel einem Holländer heim. In einer Gaststätte in Antwerpen, in dem holländische Kaufleute waren, wurde Eulenspiegel, der dort auch einquartiert war, ein wenig krank. Er konnte kein Fleisch essen und kochte stattdessen weiche Eier. Als die Gäste zu Tisch saßen, kam auch Eulenspiegel an den Tisch und brachte die weichen Eier mit.

Einer der Holländer hielt Eulenspiegel für einen Bauern und sprach: „Wie, Bauer, magst du nicht die Kost des Wirtes, soll man dir Eier kochen?" Damit nahm er die beiden Eier, schlug sie auf und schlürfte eins nach dem anderen aus. Die Schalen legte er vor Eulenspiegel hin und sagte: „Sieh hin, lecke das aus, das Eigelb ist heraus!" Die anderen Gäste lachten darüber, und Eulenspiegel lachte mit ihnen.

Gegen Abend kaufte Eulenspiegel einen hübschen Apfel, höhlte ihn inwendig aus und füllte ihn mit Fliegen und Mücken. Sodann briet er den Apfel in aller Ruhe, schälte ihn und bestreute ihn außen mit Ingwer. Als die Kaufleute am Abend wieder zu Tisch saßen, brachte Eulenspiegel auf einem Teller den gebratenen Apfel und drehte sich vom Tisch weg, als ob er noch etwas holen wollte. Als er den Rücken wandte, griff der Holländer zu und nahm den gebratenen Apfel von dem Teller und verschlang ihn hastig. Augenblicklich musste sich der Holländer übergeben und erbrach alles, was er im Magen hatte. Ihm wurde ganz schlecht, sodass der Wirt und die anderen Gäste meinten, Eulenspiegel habe ihn mit dem Apfel vergiftet.

Eulenspiegel entgegnete: „Das ist keine Vergiftung, es ist eine Reinigung seines Magens, denn einem gierigen Magen bekommt keine Kost gut. Hätte er mir gesagt, dass er den Apfel so gierig verschlingen wollte, hätte ich ihn davor gewarnt. Denn in den weichen Eiern waren keine Mücken, aber der gebratene Apfel enthielt welche. Die musste er erbrechen." Mittlerweile war es dem Holländer wieder gut geworden, da es ihm nicht geschadet hatte, und er sprach zu Eulenspiegel: „Iss und brate, ich esse nicht mehr mit dir, hättest du auch irgendeine feine Delikatesse."

88. Ein Bauer traf auf den verkaterten Eulenspiegel, dem es durch Vortäuschen von Kranksein gelang, bei jenem Mitleid zu erregen, das nicht hinterfragt, sich für den Bauern folgenschwer auswirkte.

Die durchlauchtigen und hochgeborenen Fürsten von Braunschweig hielten einmal in der Stadt Einbeck ein Turnierfest mit Rennen und Stechen ab. Dazu kamen viele fremde Fürsten, Herren und Ritter mit ihren Freibauern und Knechten. Das war im Sommer zu dem Zeitpunkt, als die Pflaumen und anderes Obst reif waren. In einem Dorf bei Einbeck lebte ein redlicher, schlichter Bauer, der einen Garten mit Pflaumenbäumen hatte. Er ließ einen Karren voll Pflaumen pflücken und wollte damit nach Einbeck fahren, weil dort viel Volk war und er deshalb meinte, die Pflaumen besser zu verkaufen als zu anderen Zeiten.

Als er vor die Stadt kam, lag da Eulenspiegel unter einem grünen Baum im Schatten. Er hatte am Hof der Herren dermaßen viel getrunken, dass er weder essen noch trinken konnte und eher einem toten Menschen als einem lebendigen glich. Als nun der redliche Mann an ihm vorbeifuhr, sprach ihn Eulenspiegel so kränklich wie möglich an: „Ach, guter Freund, sieh her, ich liege hier so krank drei Tage und Nächte ohne jegliche menschliche Hilfe. Wenn ich noch einen Tag so liegen soll, muss ich vor Hunger und Durst sterben. Darum fahre mich Gott zuliebe in die Stadt." Der gute Mann sprach: „Ach, lieber Freund, ich würde das gern tun, aber ich habe Pflaumen auf dem Karren. Wenn ich dich darauf setze, so machst du sie mir alle zuschanden." Eulenspiegel sagte: „Nimm mich mit, ich will mich vorn auf dem Karren behelfen." Der Mann war alt und musste sich die allergrößte Mühe geben, ehe er den Schalk, der sich ganz schwer machte, auf den Karren brachte. Wegen des Kranken fuhr der Bauer umso vorsichtiger.

Als nun Eulenspiegel eine Weile gefahren war, zog er das Stroh von den Pflaumen, erhob sich heimlich hinter dem Rücken des Bauern und beschiss dem armen Mann die Pflaumen und zog das Stroh wieder darüber.

Als der Bauer an die Stadt kam, rief Eulenspiegel: „Halt, halt! Hilf mir von dem Karren! Ich will hier draußen vor dem Tor bleiben." Der gute Mann half dem argen Schalk von dem Karren und fuhr die Straße weiter, den kürzesten Weg zum Markt. Als er dort angekommen war, spannte er sein Pferd aus und ritt es zum Gasthaus.

Inzwischen kamen viele Bürger auf den Markt. Unter ihnen war einer, der immer der Erste war, wenn dahin etwas zum Verkaufen gebracht wurde und doch selten etwas kaufte. Der kam gleich zum Karren, zog das Stroh zur Hälfte herab und beschmutzte sich dabei die Hände. Unterdessen kam der Bauer wieder aus seinem Gasthaus. Eulenspiegel hatte sich verkleidet, kam auf einem anderen Weg auch gegangen und fragte den Bauern: „Was hast du zum Verkaufen gebracht?" - „Pflaumen", antwortete der Bauer. Eulenspiegel sagte: „Du hast sie als ein Spitzbube gebracht, die Pflaumen sind beschissen, man sollte dir das Land mit deinen Pflaumen verbieten!" Der schaute nach und sah, dass dem so war, und er sprach: „Vor der Stadt lag ein kranker Mensch, der sah genauso aus wie der, der hier steht, außer dass er andere Kleider anhatte. Den fuhr ich Gott zuliebe bis vor das Tor. Der Lump hat mir den Schaden angetan." Eulenspiegel sagte: „Der Kerl gehörte verprügelt!"

Und so musste der redliche Mann die Pflaumen auf die Müllgrube fahren und durfte sie nirgends verkaufen.

89. Auch als Klosterbruder blieb Eulenspiegel ein Schalk. Als er von seinem Pförtnerdienst abgesetzt wurde und er merkte, dass man ihn loswerden wollte, ging er unter seinen Bedingungen.

Als Eulenspiegel alle Lande durchlaufen hatte und alt und verdrossen geworden war, da überkam ihn eine späte Reue. Er dachte, in ein Kloster einzutreten, arm wie er war, um dort sein Leben zu beschließen. Er wollte seiner Sünden wegen für den Rest seines Lebens Gott dienen, damit er nicht verloren sei, wenn ihn Gott aus dieser Welt abriefe.

Darum ging er zu dem Abt von Mariental und bat ihn, dass er ihn als Ordensbruder aufnehme, er wolle dem Kloster all das Seine hinterlassen. Der Abt war nett zu Narren und sagte: „Du bist noch bei Kräften, ich will dich gern aufnehmen, wie du mich gebeten hast. Aber du musst etwas tun und eine Aufgabe haben, denn du siehst, dass meine Brüder und ich alle einen Dienst versehen und jedem etwas aufgetragen ist." Eulenspiegel sagte: „Ja, Herr, gern." - „Na dann, in Gottes Namen", sprach der Abt, „du arbeitest nicht gern, du sollst unser Pförtner sein. So bleibst du in deiner Stube und hast mit allem weiter keine Mühe als Essen und Bier aus dem Keller zu holen und die Pforte auf- und zuzuschließen." Eulenspiegel sagte: „Würdiger Herr, das vergelte Ihnen Gott, dass Sie mich alten, kranken Mann so gut versorgen. Ich will alles tun, was Sie mir befehlen, und alles lassen, was Sie mir verbieten." Der Abt sprach: „Sieh, hier ist der Schlüssel! Du sollst nicht jeden einlassen. Den Dritten oder den Vierten lass hereinkommen, denn lässt man zu viele ein, so fressen sie das Kloster arm." Eulenspiegel sagte: „Würdiger Herr, ich will es Ihnen recht machen."

Und von allen, die da kamen - gehörten sie zum Kloster oder nicht -, ließ er immer nur den Vierten ein und nicht mehr. Die Klage darüber kam vor den Abt. Der sagte zu Eulenspiegel: „Du bist ein raffinierter Schalk! Willst du die nicht hereinlassen, die hier Mönche sind und hierher gehören?" - „Herr", sagte Eulenspiegel, „den Vierten, wie Sie mir befohlen haben, habe ich hereingelassen, und nicht mehr. Damit habe ich Ihre Anweisung befolgt." - „Du hast wie ein Schalk gehandelt", sprach der Abt und wäre ihn gern wieder losgeworden. Er setzte einen anderen als Wächter ein, denn er merkte, dass Eulenspiegel von seiner notorischen Tücke nicht lassen wollte.

Da gab er ihm eine andere Aufgabe und sagte: „Sieh, du sollst die Mönche zählen, die nachts in die Messe gehen. Und wenn du einen übersiehst, so musst du weiterwandern." Eulenspiegel sagte: „Herr, das wird mir schwerfallen, doch wenn es nicht anders sein kann, muss ich das machen, damit es sich zum Besseren wenden mag." In der Nacht brach er einige Stufen aus der Treppe heraus. Der Prior war ein gottesfürchtiger, alter Mann, der immer auf leisen Sohlen zur Treppe kam und stets als Erster zu den Mitternachtsmessen erschien. Und als er glaubte, auf die Stufen zu treten, da trat er ins Leere, fiel hinunter und brach sich ein Bein. Er schrie so jämmerlich, dass die anderen Brüder hinzuliefen und sehen wollten, was mit ihm los war. Da fiel einer nach dem anderen die Treppe herab. Und Eulenspiegel sprach zu dem Abt: „Würdiger Herr, habe nun meine Aufgabe erfüllt. Ich habe alle Mönche gezählt." Er gab ihm das Kerbholz, in das er sie alle geschnitten hatte, als einer nach dem anderen herunterfiel. Der Abt sprach: „Du hast wie ein heimtückischer Schalk gezählt! Geh mir aus meinem Kloster und lauf zum Teufel, wohin du willst."

So kam Eulenspiegel nach Mölln, wo er erkrankte und kurz danach starb.

90. Eulenspiegel sprach am Lebensende von seinem Geschick, dass der Heilige Geist nicht in ihn, sondern er in den Heiligen Geist komme. Seiner Mutter, statt Geldes, vermachte er zum einen die Lehre, das Notwendige zu tun, ohne sich dabei zu schaden, und zum anderen sein verborgenes Gut, wovon sie alles nehmen möge, wenn sie es finde. Sein Gut gebe dem, der nichts habe und nehme von dem, der was habe.

Elend und sehr krank wurde Eulenspiegel, als er von Mariental nach Mölln kam. Dort nahm er der Arznei wegen beim Apotheker eine Unterkunft. Der Apotheker war auch etwas übermütig und listig veranlagt und gab ihm ein scharfes Abführmittel. Als es dem Morgen zuging, begann es zu wirken, und Eulenspiegel stand auf und wollte sich entleeren. Doch das Haus war überall verschlossen, und ihm wurde angst und bange. Er kam in die Apotheke und schiss in eine Büchse und sprach: „Hier kam die Arznei heraus, da muss sie wieder hinein. So verliert der Apotheker nichts, denn ich habe kein Geld, sie ihm zu bezahlen."

Als der Apotheker das herausfand, fluchte er Eulenspiegel und wollte ihn nicht länger im Hause haben. Er ließ ihn in das Hospital „Der Heilige Geist" bringen. Da sagte Eulenspiegel zu den Leuten, die ihn hinbrachten: „Ich habe mich sehr bemüht und Gott stets gebeten, dass der Heilige Geist in mich kommen möge. Er aber schickt mir das Gegenteil, sodass ich nun in den Heiligen Geist komme. Er bleibt außer mir und ich komme in ihn." Die Leute lachten über ihn und gingen ihrer Wege.

Und wie eines Menschen Leben ist, so ist auch sein Ende. Seine Mutter wurde benachrichtigt, dass er krank sei. Die war bald reisefertig, kam zu ihm und glaubte, von ihm Geld zu erhalten, denn sie war eine alte, arme Frau. Als sie zu ihm kam, weinte sie und fragte: „Mein lieber Sohn, wo bist du krank?" Eulenspiegel antwortete: „Liebe Mutter, hier zwischen der Truhe und der Wand." – „Ach, lieber Sohn, sag mir doch ein süßes Wort!" Eulenspiegel sprach: „Liebe Mutter, Honig, das ist ein süßes Wort." Die Mutter bat: „Gib mir deine süße Lehre, bei der ich deiner gedenken kann." Eulenspiegel sagte: „Ja, liebe Mutter: Wenn du deine Notdurft verrichten musst, dreh den Arsch vom Wind weg, so kommt dir der Gestank nicht in die Nase.“ Die Mutter bat ihn weiter: „Lieber Sohn, gib mir doch etwas von deinem Gut!“ Eulenspiegel sprach: „Liebe Mutter, wer nichts hat, dem soll man geben, und wer etwas hat, dem soll man etwas nehmen. Mein Gut ist verborgen, sodass niemand davon weiß. Findest du etwas, dass mein ist, so kannst du es nehmen. Ich gebe dir doch von meinem Gut alles, was schlecht und recht ist.“

Dann wurde Eulenspiegel so krank, dass die Leute ihm sagten, er solle beichten und das Abendmahl nehmen. Das tat Eulenspiegel, denn er spürte, dass er vom Krankenbett nicht mehr aufstehen würde.

91. Eulenspiegel entledigte sich einer Begine – einer Laienschwester –, indem er ihr frömmlerisches Wesen mit einer raffiniert gestalteten Reihe erdachter Späße provozierte, sodass sie entrüstet von ihm wegging.

Reue und Schmerz sollte der todkranke Eulenspiegel wegen seiner Sünden empfinden, damit ihm das Abendmahl gespendet werden könne und er desto süßer sterben möge, sagte ihm eine alte Begine. Ihr erwiderte Eulenspiegel: „Süß sterben werde ich nicht, weil der Tod bitter ist. Und warum soll ich im Geheimen beichten? Was ich in meinem Leben vollbracht habe, das ist vielen Leuten und Landen bekannt. Wem ich etwas Gutes erwiesen habe, der wird es sicher weitererzählen. Habe ich einem etwas Böses getan, der wird es trotz meiner Reue nicht verschweigen. Dreierlei reut mich und tut mir leid, dass ich es nicht getan habe und nicht tun konnte." Die Begine rief aus: „Lieber Gott! Seien Sie doch froh, wenn das, was Sie unterlassen haben, etwas Böses ist! Ihre Sünden sollen Ihnen leidtun!" Eulenspiegel sagte: „Frau, mir tut leid, dass ich dreierlei nicht getan habe und sie auch nie zuwege bringen konnte." Die Begine fragte: „Was sind die Dinge? Sind sie gut oder böse?"

Eulenspiegel antwortete: „Es sind drei Dinge, und das erste ist: Wenn ich in meinen jungen Jahren einen Mann auf der Straße gehen sah, dem die Jacke unter dem Mantel lang heraushing, ging ich ihm nach, um sie aufzuheben, weil ich meinte, sie werde ihm herunterfallen. Wenn ich dann näher zu ihm kam, sah ich, dass die Jacke so lang beschaffen war. Da wurde ich zornig und hätte sie ihm gern so weit abgeschnitten, wie sie unter dem Mantel heraushing. Und dass ich das nicht konnte, das tut mir leid.

Die zweite Sache ist: Wenn ich jemanden sitzen oder gehen sah, der mit einem Messer in seinen Zähnen stocherte und ich ihm das Messer nicht in den Hals schlagen konnte, das tut mir auch leid.

Das dritte ist, dass ich allen alten Frauen, die über ihre Jahre hinaus sind, ihre Ärsche nicht zuflicken konnte. Auch das tut mir leid, denn sie sind niemandem mehr nütze auf Erden und bescheißen das Erdreich, worauf die Frucht steht."

Die Begine sprach: „Ei, behüte uns Gott! Was sagen Sie da? Ich höre: Wenn Sie gesund wären und die Kraft hätten, so würden Sie mir mein Loch auch zunähen, denn ich bin eine Frau von gut sechzig Jahren." Eulenspiegel sagte: „Es tut mir leid, dass es nicht geschehen ist." Da rief die Begine aus: „So bewahr Sie der Teufel!" Und sie ging von ihm weg und ließ ihn liegen.

Und Eulenspiegel sagte: „Es ist keine Begine so fromm, dass sie nicht ärger als der Teufel ist, wenn sie zornig wird."

92. Wie es dem Pfarrer erging, der den „prominenten" Eulenspiegel auch reich an Geld wähnte und sich daran bei dessen Ende bereichern wollte. Eulenspiegel entsprach seiner Erwartung, indem er ihm großen Reichtum vorgaukelte, sodass dessen unstatthafter Griff danach in Eulenspiegels Kot endete.

Passt auf, geistliche und weltliche Persönlichkeiten, dass ihr euch die Hände an Testamenten nicht verunreinigt, wie es bei Eulenspiegels Testament geschah!

Ein Pfarrer wurde zu Eulenspiegel gebracht, damit er ihm die Beichte abnehme. Als er zu Eulenspiegel kam, da dachte der Pfarrer bei sich: „Er ist ein außergewöhnlicher Mensch gewesen, sodass er viel Geld zusammengebracht hat. Es kann nicht weg sein, er muss eine beachtliche Geldsumme haben, und die sollst du ihm bei seinem Ende abnehmen. Vielleicht wird auch dir etwas davon abfallen." Als nun Eulenspiegel dem Pfarrer zu beichten begann und sie ins Gespräch kamen, sagte ihm der Pfarrer unter anderem: „Eulenspiegel, mein lieber Sohn, bedenke bei deinem Ende dein Seelenheil! Du bist ein außergewöhnlicher Kerl gewesen und hast viele Sünden begangen. Die sollst du jetzt bereuen! Und hast du etwas Geld, so würde ich das zur Ehre Gottes geben und den armen Priestern, wie ich einer bin. Das rate ich dir, denn es ist höchst fragwürdig gewonnen. Wenn du solches tun willst und mir die Sache anvertraust und das Geld übergibst, so werde ich es einrichten, dass du in die Ehre Gottes kommst. Und willst du auch mir etwas geben, so werde ich mein ganzes Leben lang deiner gedenken und für dich Totengebete und Seelenmessen lesen." Eulenspiegel sagte: „Ja, mein Lieber, ich will Sie beschenken. Kommen Sie am Nachmittag wieder und ich werde Ihnen selber ein Stück Gold in die Hand geben; so sind Sie gewiss, dass Sie's haben."

Der Pfarrer war froh und kam am Nachmittag wieder gelaufen. Während seiner Abwesenheit hatte Eulenspiegel einen Topf genommen, ihn halbvoll geschissen und darauf ein wenig Geld gelegt, sodass es den Dreck bedeckte. Als nun der Pfarrer wiederkam, sprach er: „Mein lieber Eulenspiegel, ich bin hier. Willst du mir nun etwas geben, wie du mir versprochen hast, so will ich es in Empfang nehmen." Eulenspiegel sagte: „Ja, lieber Herr, wenn Sie gesittet zugreifen und nicht gierig sein wollen, so lasse ich Sie einen Griff in diese Kanne tun. Dann sollen Sie meiner gedenken." – „Ich will genauestens nach deinem Willen hineingreifen", versicherte ihm der Pfarrer. Da machte Eulenspiegel die Kanne auf und sagte: „Sehen Sie hin, lieber Herr, die Kanne ist ganz voll mit Geld, fassen Sie zu und langen Sie sich daraus eine Handvoll, greifen Sie aber nicht zu tief!" Der Pfarrer versprach es ihm, wurde aber so versessen, dass ihn die Gier täuschte. Er griff mit der Hand in die Kanne und wollte eine gute Handvoll greifen, spürte aber, als er mit der Hand in die Kanne fuhr, dass es nass und weich unter dem Geld war. Da zog er die Hand wieder heraus, aber die Finger waren ihm schon bis zu den Knöcheln mit Kot beschmiert.

Da sprach der Pfarrer zu Eulenspiegel: „O, was bist du für ein hinterhältiger Schalk! Betrügst mich in deinen letzten Stunden, da du bereits auf deinem Totenbett liegst! Im Vergleich dazu dürfen diejenigen nicht klagen, die du in deinen jungen Jahren betrogen hast." Eulenspiegel erwiderte: „Lieber Herr, ich warnte Sie, Sie sollten nicht zu tief greifen! Täuschte Sie nun Ihre Begierde und handelten Sie entgegen meiner Warnung, so ist das nicht meine Schuld." Der Pfarrer sagte: „Du bist der raffinierteste Schalk aller Schälke! Konntest du dich in Lübeck vom Galgen reden, so trotzt du auch wohl mir." Und er ging und ließ Eulenspiegel liegen.

Eulenspiegel rief ihm nach, er möge warten und das Geld mit sich nehmen. Aber der Pfarrer wollte nicht hören.

93. Eulenspiegel schaffte es trotz Mittellosigkeit, nach den Auflagen seines Testaments bestattet zu werden.

Als Eulenspiegel zusehends kränker wurde, setzte er sein Testament auf und vermachte sein Gut in drei Teilen: einen Teil seinen Freunden, einen Teil dem Rat der Stadt Mölln und einen Teil dem dortigen Pfarrer, jedoch mit der Auflage, wenn die Zeit kommt, dass Gott der Herr über ihn gebietet und er stirbt, solle man seinen Leichnam in geweihter Erde begraben und für seine Seele Totengebete sprechen und Seelenmessen halten nach christlicher Ordnung und Gewohnheit. Und nach vier Wochen sollten sie einhellig die schöne Truhe, die er ihnen zeigte, und die mit gediegenen Schlüsseln verwahrt war, aufschließen, und das, was darin sei, miteinander teilen und sich darüber gütlich vertragen. Das nahmen die drei Parteien einmütig an, und Eulenspiegel starb.

Als nun alle Dinge nach dem Wortlaut des Testaments vollbracht und die vier Wochen abgelaufen waren, kamen der Rat, der Pfarrer und Eulenspiegels Freunde und öffneten die Truhe, um den hinterlassenen Schatz zu teilen. Als sie geöffnet war, fand man nichts anderes als Steine[36] darin. Sie sahen einander an und wurden zornig. Der Pfarrer meinte,

---

36 Till Eulenspiegels Hinterlassenschaft für die Nachwelt sind gewöhnliche Steine. In seinem Artikel „Vom Wesen der Steine", in: *Gorgo 11*, 1986, S. 3-27, hier S. 24, zitiert H. Gehrts aus der alten alchemistischen Schrift „Der kleine Bauer", wonach Leute das Gute an Steinen im Allgemeinen wegwerfen, das Schlechte aber behalten. Worin besteht das Gute an ihnen? Der Stein ist gleichsam ein Dreh- und Angelpunkt zwischen dem Personalen und Transpersonalen. Als solcher besitzt er die Fähigkeit, diese Bereiche sowohl zu trennen, wie auch zu verbinden. Als *coincidentia oppositorum* setzt er also eine geheimnisvolle, Weisheit spendende Mitte. Durch ihn geschieht auch die eigentliche Ausbildung. So empfangen, wie H. Gehrts meint, die zu Großem bestimmten Geburten ihre Unterweisung ohne Dazwischentreten eines menschlichen Lehrers vom Stein, vom *lapis philosophorum*, dem Stein der Weisen, der seinerseits verständige Hingabe, geduldige Ausübung und beständiges Hinhorchen verlangt. Er hat die Kraft, uns im eigentlichen Sinne selber werden zu lassen. Durch das Gebein als einem Bestandteil unseres lebendigen Körpers haben wir bewussten Anteil an seinem Wesen. – Für mich sind H. Botes Historien die Steine Eulenspiegels, von denen ein Teil durch diese Übersetzungsarbeit mit mir zum Reden kam, einem Reden, woran das Besondere war, dass es auch

da der Rat die Truhe in Verwahrung genommen hatte, habe er den Schatz heimlich herausgeholt und die Truhe wieder zugeschlossen. Der Rat meinte, die Freunde hätten den Schatz während seiner Krankheit herausgenommen und die Truhe mit Steinen wieder gefüllt. Und die Freunde meinten, die Pfarrer hätten den Schatz heimlich davongetragen, als Eulenspiegel beichtete und alle hinausgegangen waren. Deshalb schieden sie in Unfrieden voneinander.

Da wollten der Pfarrer und der Rat Eulenspiegel wieder ausgraben lassen. Als man zu graben begann, war er längst im Stadium der Verwesung, sodass niemand bei ihm bleiben wollte. Da machte man das Grab wieder zu und beließ Eulenspiegel in seinem Grab. Und zum Gedächtnis an ihn wurde ein Stein auf sein Grab gesetzt, den man noch heute sieht.

---

völlig unerwartete Gedanken vorbrachte und das Bewusstsein mehrte, steigerte. Und überhaupt ist der Trickster, dessen Funktion die Bewusstseinssteigerung ist, mythologisch die Personifikation eines Steinhaufens, wohl deshalb, weil er nicht etwas Monolithisches ist. Ein höherer Bewusstseinsstand befähigt zur Erkennung von und schärferen Unterscheidung zwischen Gut und Böse und führt somit zur Sittlichkeit, Weisheit und Liebe. – *Übers.*

94. Wie die Sau des Hospitals mit ihren Ferkeln Eulenspiegels Trauerfeier durcheinanderbrachte, und er verkehrt im Sarg, mit dem Gesäß zur Welt, zu liegen kam.

Nachdem Eulenspiegel seinen Geist aufgegeben hatte, kamen Leute in das Hospital, die ihn bekleideten und ihn im Sarg auf die Totenbahre aus Holzbrettern setzten. Als die Pfarrer kamen und gerade anfangen wollten, ihm die Totengebete zu singen, da kam die Sau des Hospitals mit ihren Ferkeln, ging unter die Totenbahre und begann, sich daran zu kratzen, sodass Eulenspiegel von der Bahre fiel. Die Frauen und die Pfarrer wollten die Sau mit den Ferkeln zur Tür hinausjagen, aber die Sau wurde fuchtig davon und wollte sich nicht vertreiben lassen. Die Sau und ihre jungen Ferkel rannten überall im Hospital umher, liefen und sprangen über die Pfarrer, die Beginen, die Kranken, die Gesunden und den Sarg, in dem Eulenspiegel lag. Bei alldem erhob sich ein Gekreische und Geschrei von den Beginen, sodass die Pfarrer die liturgischen Geräte stehen ließen und mit den Schwestern zur Tür hinausliefen. Schließlich verjagten die anderen die Sau mit den Ferkeln.

Da kamen die Beginen und legten den Sarg wieder auf die Totenbahre. Dabei kam Eulenspiegel verkehrt zu liegen, sodass er den Bauch gegen die Erde und den Rücken nach oben kehrte. Als die Pfarrer weggingen, sagten sie, wenn die Beginen ihn begraben wollten, so würden sie es gern geschehen lassen; sie aber kämen nicht wieder. Deshalb nahmen die Beginen Eulenspiegel und trugen ihn auf den Kirchhof verkehrt, auf dem Bauch, so wie er lag, als der Sarg nach dem Sturz von der Bahre umgedreht worden war. So setzten sie ihn am Grab nieder.

Da kamen die Pfarrer doch zurück und besprachen, welchen Rat sie zu geben hätten, wie man ihn begraben sollte. Er könne ja nicht wie die anderen Christenmenschen im Grab liegen. Dabei bemerkten sie, dass der Sarg umgedreht war und dass Eulenspiegel also im Sarg auf dem Bauch lag. Da lachten sie und sagten: „Er zeigt selber an, dass er verkehrt liegen will. Den Gefallen wollen wir ihm tun!“

95. Das einzigartig eigenständige Begräbnis Eulenspiegels, der weder von Geistlichen noch Weltlichen, sondern von Beginen begraben werden wollte.

Bei Eulenspiegels Begräbnis ging es gleich einem Wunder zu. Als alle auf dem Kirchhof um den Sarg standen, in dem Eulenspiegel lag, legten sie den Sarg auf die beiden Seile und wollten ihn in das Grab hinablassen. Da riss das Seil, das am Fußende war, und der Sarg schoss in das Grab, sodass Eulenspiegel in dem Sarg auf die Füße zu stehen kam. Da sprachen alle, die dabeistanden: „Lasst ihn stehen, denn er ist ein Wunder gewesen in seinem Leben, so will er auch in seinem Tode sein!“ Also warfen sie das Grab zu und ließen ihn aufrecht auf den Füßen stehen.

Und man setzte ihm einen Stein oben auf das Grab; auf die eine Hälfte hatte man eine Eule und einen Spiegel gemeißelt, den die Eule in den Klauen hält, und oben auf den Stein hatte man geschrieben:

„Disen Stein sol nieman erhaben, hie stat Ulenspiegel begraben. Anno domini M.CCC.L. Jar.“

Die 96. Historie dokumentiert die auf Eulenspiegels Grab in Lüneburg[37] eingemeißelte Inschrift.

Epitaphium.
Dissen stein sol niemans erhaben
Ulenspiegel stat hie begraben.

[37] Der hier angegebene Ort von Till Eulenspiegels Grabstätte - Lüneburg - steht im Widerspruch zu dem in der vorangehenden Historie - Mölln. Betrachtet man das Eulenspiegelbuch Hermann Botes als Dichtung, was es in Wirklichkeit ist, so ist Eulenspiegels Grabstätte gar nicht auf der physischen Ebene angesiedelt, sondern - durch diesen Widerspruch hier unterstrichen - auf der metaphorisch-geistigen. Botes Till Eulenspiegel ist formal eine literarische Träger-Figur, mittels derer Bote ein vorrätiges Erzählgut faktischer Provenienz zu einem lockeren, dichterischen Ganzen gestaltete. Laut S. H. Sichtermann kennzeichnet der Ausdruck „Landfahrer" die gesellschaftliche Stellung Till Eulenspiegels am besten und umfassendsten. Siehe S. H. Sichtermann, op. cit. S. 274. Dieser Ausdruck entspricht dem Wesen des immer wieder flüchtigen Tricksters, der stets entwischt. Das belehrt uns, dass er nicht an eine bestimmte, feste Lokalität gehört. Sein ihm angestammter Wesensort ist vielmehr die Weite der Welt, das Überall und Nirgendwo.
In jener Flüchtigkeit des Tricksters-Mercurius kam nicht die Fluchtbereitschaft, sondern der Bewusstseinsstatus des *animus*-inspirierten Spätmittelalters dem damaligen Menschsein wie aus einem Spiegel entgegen. Denn aus dem, was in der Welt geschieht, kommt einem die Wahrheit seiner Zeit entgegen. Obwohl jener geschichtliche Bewusstseinsstatus schon der ungebrochenen Anima-Bewusstseinsebene folgender Zeit angehörte, konzipierte das Spätmittelalter immer noch mit den logischen Mitteln, der Logik des Bewusstseins der Anima-Stufe. Demnach personifiziert Till Eulenspiegel als Trickster-Mercurius implizit die Verfasstheit des Bewusstseins seiner Zeit. - *Übers.*

ibidem-Verlag

Melchiorstr. 15

D-70439 Stuttgart

info@ibidem-verlag.de

www.ibidem-verlag.de
www.ibidem.eu
www.edition-noema.de
www.autorenbetreuung.de

Zeitfracht Medien GmbH
Ferdinand-Jühlke-Straße 7
99095 Erfurt, Deutschland
produktsicherheit@kolibri360.de